U0578556

权威·前沿·原创

皮书系列为
"十二五""十三五"国家重点图书出版规划项目

企业社会责任蓝皮书
BLUE BOOK OF
CORPORATE SOCIAL RESPONSIBILITY

中资企业海外社会责任研究报告
（2016~2017）

RESEARCH REPORT ON CORPORATE SOCIAL RESPONSIBILITY
OF CHINESE OVERSEAS ENTERPRISES (2016-2017)

"一带一路"倡议下的责任共同体

钟宏武　叶柳红　张　蒽／著
肖玮琪　李思睿／数据分析

社会科学文献出版社
SOCIAL SCIENCES ACADEMIC PRESS (CHINA)

图书在版编目（CIP）数据

中资企业海外社会责任研究报告.2016-2017："一带一路"倡议下的责任共同体/钟宏武，叶柳红，张蒽著.--北京：社会科学文献出版社，2017.1
（企业社会责任蓝皮书）
ISBN 978-7-5201-0202-5

Ⅰ.①中…　Ⅱ.①钟…②叶…③张…　Ⅲ.①中资企业-企业责任-社会责任-研究报告-世界-2016-2017　Ⅳ.①F279.2

中国版本图书馆 CIP 数据核字（2016）第 321745 号

企业社会责任蓝皮书

中资企业海外社会责任研究报告（2016~2017）
——"一带一路"倡议下的责任共同体

著　　者／钟宏武　叶柳红　张　蒽
数据分析／肖玮琪　李思睿

出 版 人／谢寿光
项目统筹／吴　敏
责任编辑／吴　敏　张　超

出　　　版／社会科学文献出版社·皮书出版分社（010）59367127
　　　　　　地址：北京市北三环中路甲 29 号院华龙大厦　邮编：100029
　　　　　　网址：www.ssap.com.cn
发　　　行／市场营销中心（010）59367081　59367018
印　　　装／北京季蜂印刷有限公司

规　　　格／开　本：787mm×1092mm　1/16
　　　　　　印　张：13.25　字　数：173 千字
版　　　次／2017 年 1 月第 1 版　2017 年 1 月第 1 次印刷
书　　　号／ISBN 978-7-5201-0202-5
定　　　价／79.00 元

皮书序列号／PSN B-2017-592-2/2

本书如有印装质量问题，请与读者服务中心（010-59367028）联系

主要编撰者简介

钟宏武　中国社会责任百人论坛秘书长，中国社会科学院经济学部企业社会责任研究中心主任，中国社会科学院社会发展战略研究院副研究员。毕业于中国社会科学院研究生院工业经济系，管理学博士。主持"一带一路与海外企业社会责任"（国家发改委课题）、"中央企业海外社会责任研究"（国资委课题）、"企业社会责任推进机制研究"（国资委课题）、"责任制造2025"（工信部课题）、"中国食品药品行业社会责任信息披露机制研究"（国家食药监局课题）、"中国保险业白皮书"（保监会课题）、"上市公司社会责任信息披露研究"（深交所课题）；先后访问日本、南非、英国、瑞典、缅甸、苏丹、美国、韩国、荷兰、赞比亚、津巴布韦、印度尼西亚、老挝，研究企业社会责任。编写《中国企业社会责任报告编写指南》《企业社会责任管理》《企业社会责任基础教材》《企业社会责任蓝皮书》《企业公益蓝皮书》《企业社会责任报告白皮书》《中国国际社会责任与中资企业角色》《慈善捐赠与企业绩效》等作品30余部。在《经济研究》《中国工业经济》《人民日报》等报纸和刊物上发表论文50余篇。为中国石化、阿里巴巴、中国三星等50余家世界500强企业提供咨询顾问服务。

叶柳红　毕业于北京林业大学应用心理学专业，教育学硕士，2014年进入企业社会责任领域，在该领域拥有丰富的咨询与研究经验，长期致力于中国企业可持续发展相关的政策及实践研究，尤其在政府委托研究项目，国有大型能源、电力企业和海外企业社会责任咨询方面拥有丰富的经验。曾经执笔国资委研究局《中央企业海外社会责任研究》、参与《中国企业社会责任蓝皮书》《中国企业社会责任报告编写指南 3.0》等若干专业著作的编写；多次受邀为矿业、石化等行业企业提供社会责任报告编制培训；专注于为企业提供海外社会责任及可持续发展方面的咨询。服务的领域涉及电力行业、能源行业、矿业、航空业、军工行业等。

张　蒽　中国社会科学院社会发展战略研究院副研究员，中国社会科学院经济学部企业社会责任研究中心常务副主任，中国社会责任百人论坛执行秘书长。管理学博士，经济学博士后。作为主要研究人员参与"责任制造 2025""中央企业社会责任推进机制研究""上市公司社会责任信息披露""中央企业社会责任理论研究""企业社会责任指标体系研究"等重大课题的研究。出版《中国企业社会责任发展指数报告》《中国企业社会责任报告编写指南》《企业社会责任管理体系研究》《中国企业社会责任报告白皮书》《中国上市公司非财务信息披露研究报告》《企业社会责任负面信息披露研究》等著作，在《中国工业经济》《经济管理》等期刊发表社会责任相关论文。

研究业绩

一　课题

- 国家发改委：《"一带一路"与海外企业社会责任》，2015。
- 工业和信息化部：《责任制造——以社会责任推动"中国制造2025"》，2015。
- 国务院国资委：《中央企业海外社会责任研究》，2014。
- 国务院国资委：《中央企业社会责任优秀案例研究》，2014。
- 国家食药监局：《中国食品药品行业社会责任信息披露机制研究》，2014。
- 国土资源部：《矿山企业社会责任评价指标体系研究》，2014。
- 中国保监会：《中国保险业社会责任白皮书》，2014。
- 全国工商联：《中国民营企业社会责任研究报告》，2014。
- 陕西省政府：《陕西省企业社会责任研究报告》，2014。
- 国土资源部：《矿业企业社会责任报告制度研究》，2013。
- 国务院国资委：《中央企业社会责任优秀案例研究》，2013。
- 中国扶贫基金会：《中资海外企业社会责任研究》，2012～2013。
- 北京市国资委：《北京市属国有企业社会责任研究》，2012年5～12月。
- 国资委研究局：《企业社会责任推进机制研究》，2010年1～12月。

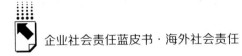

- 国家科技支撑计划课题：《〈社会责任国际标准风险控制及企业社会责任评价技术研究〉之子任务》，2010 年 1 ~ 12 月。
- 深交所：《上市公司社会责任信息披露》，2009 年 3 ~ 12 月。
- 中国工业经济联合会：工信部制定《推进企业社会责任建设指导意见》前期研究成果，2009 年 10 ~ 12 月。
- 中国社会科学院：《灾后重建与企业社会责任》，2008 年 8 月至 2009 年 8 月。
- 中国社会科学院：《海外中资企业社会责任研究》，2007 年 6 月至 2008 年 6 月。
- 国务院国资委：《中央企业社会责任理论研究》，2007 年 4 ~ 8 月。

二 专著

- 《企业社会责任蓝皮书（2016）》，社会科学文献出版社，2016。
- 《汽车企业社会责任蓝皮书（2016）》，经济管理出版社，2016。
- 《企业社会责任负面信息披露研究》，经济管理出版社，2015。
- 《企业公益蓝皮书（2014）》，经济管理出版社，2015。
- 《中国企业社会责任报告编写指南 3.0 之石油化工业指南》，经济管理出版社，2015。
- 《中国企业社会责任报告编写指南（CASS-CSR3.0）》，经济管理出版社，2014。
- 《中国企业社会责任报告编写指南 3.0 之钢铁业指南》，经济管理出版社，2014。
- 《中国企业社会责任报告编写指南 3.0 之仓储业指南》，经济管理出版社，2014。
- 《中国企业社会责任报告编写指南 3.0 之电力生产业》，经济管理出版社，2014。

- 《中国企业社会责任报告编写指南之家电制造业》，经济管理出版社，2014。
- 《中国企业社会责任报告编写指南之建筑业》，经济管理出版社，2014。
- 《中国企业社会责任报告编写指南之电信服务业》，经济管理出版社，2014。
- 《中国企业社会责任报告编写指南之汽车制造业》，经济管理出版社，2014。
- 《中国企业社会责任报告编写指南之煤炭采选业》，经济管理出版社，2014。
- 《中国企业社会责任报告编写指南之一般采矿业》，经济管理出版社，2014。
- 《中国企业社会责任案例》，经济管理出版社，2014。
- 《中国国际社会责任与中资企业角色》，中国社会科学出版社，2013。
- 《企业社会责任基础教材》，经济管理出版社，2013。
- 《中国可持续消费研究报告》，经济管理出版社，2013。
- 《企业社会责任蓝皮书（2012）》，社会科学文献出版社，2012。
- 《中国企业社会责任报告白皮书（2012）》，经济管理出版社，2012。
- 《企业社会责任蓝皮书（2011）》，社会科学文献出版社，2011。
- 《中国企业社会责任报告编写指南（CASS-CSR2.0）》，经济管理出版社，2011。
- 《中国企业社会责任报告白皮书（2011）》，经济管理出版社，2011。
- 《企业社会责任管理体系研究》，经济管理出版社，2011。

- 《分享责任——中国社会科学院研究生院 MBA "企业社会责任" 必修课讲义集（2010）》，经济管理出版社，2011。
- 《企业社会责任蓝皮书（2010）》，社会科学文献出版社，2010。
- 《政府与企业社会责任》，经济管理出版社，2010。
- 《企业社会责任蓝皮书（2009）》，社会科学文献出版社，2009。
- 《中国企业社会责任报告编写指南（CASS-CSR1.0）》，经济管理出版社，2009。
- 《中国企业社会责任发展指数报告（2009）》，经济管理出版社，2009。
- 《慈善捐赠与企业绩效》，经济管理出版社，2007。

三　论文

在《经济研究》《中国工业经济》《人民日报》《光明日报》等刊物上发表论文数十篇。

四　专访

接受中央电视台、中央人民广播电台、人民网、新华网、光明网、凤凰卫视、法国 24 电视台等数十家媒体专访。

机构介绍

一 中国社科院企业社会责任研究中心

中国社会科学院经济学部企业社会责任研究中心（以下简称"中心"）成立于 2008 年 2 月，是中国社会科学院经济学部主管的研究机构。著名经济学家、国家金融与发展实验室主任、中国社会科学院经济学部主任李扬研究员任中心理事长，中国社会科学院工业经济研究所所长黄群慧研究员任中心常务副理事长，中国社会科学院社会发展战略研究院副研究员钟宏武博士任主任。中国社会科学院、国务院国资委、人力资源和社会保障部、中国企业联合会、中国人民大学、国内外大型企业的数十位专家、学者担任中心理事。

中心以"中国特色、世界一流"为目标，积极践行研究者、推进者和观察者的责任。

● **研究者** 中心积极开展中国企业社会责任问题的系统理论研究，研发颁布《中国企业社会责任报告编写指南（CASS-CSR 1.0/2.0/3.0）》，组织出版《中国企业社会责任》文库，促进中国特色企业社会责任理论体系的形成和发展。

● **推进者** 为政府部门、社会团体和企业等各类组织提供咨询和建议；主办"中国企业社会责任研究基地"；开设中国社会科学院研究生院 MBA《企业社会责任》必修课，开展社会责任培训，传播社会责任理论知识与实践经验；组织、参加各种企业社会责任研讨交流活动，分享企业社会责任研究成果。

● **观察者** 每年出版"企业社会责任蓝皮书",跟踪记录上一年度中国企业社会责任理论和实践的最新进展;持续发布《中国企业社会责任报告白皮书》,研究记录我国企业社会责任报告的阶段性特征;制定、发布、推动《中国企业社会责任报告评级》;组织分享责任–中国行/世界行调研活动。

二 中星责任云社会责任机构

中星责任云(CSR Cloud)=咨询+设计+传播,是"一站式社会责任综合服务平台"(官方网站:www.zerenyun.com)。机构秉持"客户第一、奋斗者为本、快"的价值观,下设5大事业部、16个项目部,上海分部以及独立的广告设计、文化传播机构。机构拥有一批国内最早的专业研究咨询团队,与中国社会科学院、清华大学、对外经贸大学、中国扶贫基金会、新华网等机构建立了长期合作关系。

公司合作伙伴包括中国石化、华润集团、阿里巴巴、民生银行、现代、IBM等百余家世界500强企业,国家部委、行业协会、主流媒体等机构。公司拟于2018年在新三板挂牌。

2017年工作计划——企业智囊

责任报告	
1. 社会责任报告编写	完成华润集团、阿里巴巴等170余份CSR报告
2. 专项报告编写	为中国石化、华电集团等20余家企业编制精准扶贫、温室气体排放等专项报告
3. 报告设计印刷	为中国石化、现代汽车等30余家公司社会责任报告提供报告设计
4. H5制作	为兵器工业、中国三星、华润医药等20余家公司提供H5报告设计制作
5. 优秀案例评选/案例集	为韩国大使馆、中国移动等10余家机构提供社会责任优秀案例评选服务,并出版案例集
责任管理	
6. 定制化社会责任培训	为神华集团、中国黄金等20余家企业开展企业社会责任内训
7. 影像志拍摄	为中国石化、中国电建等公司提供海外或专项影像视频记录

续表

责任管理	
8. 会务会展	为中国石化、中国华电等公司策划、执行报告发布会或责任展览
9. 责任云传播	运营中星责任云微信,粉丝过万、传播行业动态、CSR 7 days、责任故事
10. 活动宣传	与新华网、中国网、国资小新等媒体深度合作,宣传报道责任活动
评级评价	
11. 社会责任报告评级	为申请评级客户出具权威评级报告,已出具 321 份评级报告
12. 公益项目评级	为企业的公益项目提供评级,并出具评级报告

2017 年工作计划——行业智库

行业研究		
1.《社会责任报告编写指南 4.0》	邀请电力、汽车、电子、石化、煤炭等行业协会、行业领先企业共同编修分行业、分议题社会责任报告编写指南	全年
2. 委托课题	国家发改委委托课题——对外直接投资的社会环境风险管理研究	12 月发布
	工信部委托课题——互联网企业社会责任研究	12 月发布
3. 蓝皮书系列	企业社会责任蓝皮书 2017	4 ~ 10 月
	企业公益蓝皮书 2017	5 ~ 11 月
	企业扶贫蓝皮书 2017	5 ~ 10 月
	汽车行业社会责任蓝皮书 2017	4 ~ 10 月
	保险行业社会责任蓝皮书 2017	4 ~ 11 月
	海外社会责任蓝皮书 2017	5 ~ 12 月
	上海上市公司社会责任蓝皮书 2017	5 ~ 12 月
4.《中国企业社会责任报告白皮书》	逐份深入研究企业社会报告,发布中国企业社会责任报告的趋势	8 ~ 12 月
5.《中国企业社会责任年鉴(2017)》	与新华网合作,汇编中国企业社会责任重要时事、文献	7 ~ 12 月
人才培养		
6. 分享责任——中国企业社会责任公益讲堂	国内最权威、最前沿的社会责任经理人公益培训平台	8 月

续表

人才培养		
7. 分享责任——中国首席责任官培训	小班教学,名师荟萃的 CSR 负责人中长期培训计划	5~10 月
8. 中国社科院 MBA 社会责任课程	承办中国社科院 MBA 社会责任课程,编制 MBA 社会责任教材	3~6 月
百人论坛		
9. 百人论坛——分享责任年会论坛	发布社会责任白皮书/社会责任年鉴	1 月
10. 百人论坛——主题论坛	精准扶贫、应对气候变化等主题论坛	3、6、9 月
11. 百人论坛——蓝皮书发布会	社会责任蓝皮书发布会	10 月
12. 百人论坛——企业公益年会	公益蓝皮书/扶贫蓝皮书发布会	12 月

中星责任云微信二维码

联系人:王娅郦

联系电话:4006858903　　13366005048

邮箱:wangyl@zerenyun.com

地址:北京市建国门内大街 18 号恒基中心,地铁 1 号、2 号、5 号三条地铁线到达。

三　中国社会责任百人论坛

"中国社会责任百人论坛"(China Social Responsibility 100 Forum,简称"责任百人论坛"),是由致力于推动中国社会责任发展的专家学者、企业家、社会活动家等自发建立的会议机制,是中国社会责任领域的高端平台。责任百人论坛设立企业理事会,吸纳在行业内有一定影响力,具有较强社会责任感和良好的声誉的企业加入。责任百人论坛设立秘书处,作为日常办事机构。

责任百人论坛联合发起人：

李　扬　国家金融与创新实验室理事长，中国社会科学院经济学部主任，中国社会科学院原副院长

彭华岗　国务院国资委副秘书长

黄群慧　中国社会科学院工业经济研究所所长

潘家华　中国社会科学院城市发展与环境研究所所长

张　翼　中国社会科学院社会发展战略研究院院长、党委书记

欧晓理　国家发改委西部司巡视员

郭秀明　工业和信息化部政策法规司副巡视员

邓国胜　清华大学公益慈善研究院副院长

宋志平　中国建材集团有限公司董事长

张晓刚　国际标准化组织（ISO）主席

刘　冰　中国黄金集团公司副总经理、党委委员

王幼燕　三星（中国）投资有限公司副总裁

宝　山　北大纵横管理咨询集团高级合伙人

钟宏武　中国社科院企业社会责任研究中心主任（论坛秘书长）

张　蕙　中国社科院企业社会责任研究中心常务副主任（论坛执行秘书长）

责任百人论坛主要活动：

（1）责任百人会议

●分享责任年会

每年1月举办，总结年度工作，发布年度重要成果，讨论新一年工作计划。

●重大成果及热点研讨会

发布论坛成员的重要研究成果，就重大热点社会/环境问题进行深度研讨，为社会责任事业的发展建言献策。

（2）责任百人咖啡

•责任百人咖啡厅

百人论坛选定固定场址，设立"责任百人咖啡"。

•责任百人沙龙

每月在咖啡厅召开小型专题研讨会，探讨热点问题，发布最新成果。

（3）责任百人文库

•百人论坛会刊

汇编每期会议精彩演讲，摘录年度重要成果，定期出版发布。

•社会责任年鉴

梳理中国社会责任年度大事件，评选"中国社会责任优秀案例"，出版《中国社会责任年鉴》，于每年的论坛年会上发布。

责任百人论坛秘书处联系方式：

秘 书 长 钟宏武 zhonghw@ cass-csr. org

执行秘书长 张 蒽 zhangen@ cass-csr. org

责任百人论坛官方微信：
CSR100F

中国企业社会责任百人论坛文库
总　序

时代呼唤责任。"十三五"时期是我国实现"两个一百年"目标、全面建成小康社会的关键时期。近年来，社会责任呈现标准化、法制化、社会化、价值化等趋势，国际国内社会责任标准不断推出，履行责任从软约束成为硬约束，各种社会力量高度关注，担责成为企业的商业追求和发展机遇。在这样的新形势下，履行社会责任成为重要议题。

责任亟待研讨。中国企业社会责任百人论坛应运而生，以汇聚责任思想、共享责任成果、提升责任绩效为宗旨，聚集政府领导、专家学者、企业家等社会责任领域的领袖人物，共商责任之策，共谋责任之事。通过组织专题研讨、召开大型会议，搭建社会责任交流平台，推出社会责任重要成果，为政府推进社会责任建言献策，为企业履行社会责任指明方向。

分享创造价值。责任百人论坛的思想需要记录，需要在更大范围分享。《中国企业社会责任百人论坛文库》每年精选演讲文稿、研究专著、企业实践案例，出版发行、宣传推广，提升全社会的责任意识，指导企业的责任实践，努力通过3～5年的运行，为中国社会责任贡献一批传世之作。

百人论道，万众聚力。

是为序。

中国企业社会责任百人论坛发起人

国家金融与发展实验室理事长　李扬

2016 年

序　言

20世纪90年代实施"走出去"战略以来，中国企业积极参与经济全球化进程，实施"走出去"战略，不断加强与世界各国的经济合作和文化沟通，海外投资快速增长。商务部数据统计显示，2015年，中国对外直接投资迈向新的台阶，实现连续13年快速增长，创下了1456.7亿美元的历史新高，占到全球流量份额的9.9%，同比增长18.3%，金额仅次于美国，首次位列世界第二，并超过同期中国实际使用外资，实现资本向下净输出。2002～2015年中国对外直接投资年均增幅高达35.9%，"十二五"期间中国对外直接投资5390.8亿美元，是"十一五"期间的2.4倍。

十八大以来，国家发改委、外交部、商务部联合发布《推动共建丝绸之路经济带和21世纪海上丝绸之路的愿景与行动》，共建"一带一路"致力于亚欧非大陆及附近海洋的互联互通，建立和加强沿线各国互联互通伙伴关系，构建全方位、多层次、复合型的互联互通网络，实现沿线各国多元、自主、平衡、可持续的发展。2015年党的十八届五中全会提出了"五大发展"理念，并指出开放是国家繁荣发展的必由之路。必须发展更高层次的开放型经济，积极参与全球经济治理和公共产品供给，提高我国在全球经济治理中的制度性话语权，构建广泛的利益共同体。2016年3月5日，李克强总理在十二届全国人大四次会议作政府工作报告时指出，"2015年'一带一路'建设取得重大进展，国际产能合作实现新的突破"，并宣布将进一步扎实推进"一带一路"建设，"坚持共商共建共享，使'一带一路'成为和平友谊纽带、共同繁荣之路"。2016年1～10月，在中国进出口贸易总额比上年同期略有下降的形势下，中国和"一带一路"建设合作各国之间签订的大型工程项目 4191 份，金额达 745.6 亿美元，和上年同期相比增长 26.1%。

随着我国"一带一路"倡议的实施，中国企业迎来"走出去"的重大历史机遇，同时也面临来自海外政治、经济、法律、金融、文化、宗教等复杂环境的风险与挑战。探索如何更好地"走出去"，更好地履行海外社会责任成为一项重要和紧迫的任务，亟须研究机构对中央企业履行社会责任的现状、问题、挑战和建议进行系统梳理。2014 年中国社会科学院企业社会责任研究中心受国资委研究局委托开展《中央企业海外社会责任研究》课题，并撰写《中央企业海外社会责任研究报告》。2015 年中心受国家发展和改革委员会政策研究室委托开展《"一带一路"与海外社会责任》课题研究，在此研究课题背景下，为更深入研究中资企业海外社会责任现状，课题组采用"中资企业海外社会责任发展指数"指标评价体系，对《2014 年度中国对外直接投资统计公报》中公布的"资产总额排序中国非金融类跨国公司 100 强"企业的海外社会责任发展水平进行评价，辨析中资企业海外社会责任发展进程的阶段性特征，搜集和呈现中外资企业优秀海外社会责任案例，并研究和借鉴韩国政府推动企业海外社会责任的机制，为中资企业海外运营提供参考，引导中资企业更好地履行海外社会责任，在谋求自身发展的同时积极带动东道国共同发展，为本地区人民创造更多机遇，实现共赢和共享发展。

中国社会科学院企业社会责任研究中心

中星责任云社会责任机构

2017 年 1 月

摘　要

"企业社会责任蓝皮书"自 2009 年以来连续发布已有 8 年。在延续和发展蓝皮书的研究方法和技术路线的基础上，课题组编写了《中资企业海外社会责任研究报告（2016～2017）》，这是第一本运用定量方法研究"走出去"中资企业海外社会责任的研究报告。全书由总报告、实践篇、借鉴篇以及附录四大部分组成。

总报告即《中资企业海外社会责任发展报告（2016）》。课题组构建了一套企业海外社会责任管理现状和责任实践的信息披露水平的综合评价体系，根据《2014 年度中国对外直接投资统计公报》（简称《公报》）中境外企业资产总额非金融类跨国公司 100 强，并结合《公报》中 2014 年对外直接投资存量以及境外企业销售收入 100 强名单，最终选择排名靠前的 100 家企业为研究对象，从企业社会责任报告、社会责任国别报告、企业官方网站等公开渠道搜集企业主动披露的海外责任信息，系统考察在海外的中央企业、其他国有企业、民营企业的海外社会责任管理和实践现状，辨析中资企业海外社会责任发展的阶段性特征，形成《中资企业海外社会责任发展报告（2016）》。

实践篇由中资企业的海外优秀社会责任实践案例组成。课题组在 2016 年 9～11 月开展"中资企业海外社会责任优秀案例评选"活动，实践篇的案例均为此次评选中的优秀案例，包括中国电建集团、中国南方电网公司、中国华电集团、中国节能环保公司，案例涉及老挝、印尼、赞比亚、卢旺达等"一带一路"沿线国家。

借鉴篇由《韩国政府推进企业海外社会责任研究》以及其他国家的优秀跨国公司的海外责任实践案例组成。《韩国政府推进企业海外社会责任研究》系统梳理了韩国政府特别是韩国外交部和驻外使领馆在促进本国企业履行海外社会责任时采取的相关措施,为中国政府更好地推动企业海外社会责任提供参考;其他国家的优秀跨国公司的海外责任实践案例包括现代汽车、LG 化学、浦项、三菱商事、IBM 等韩国、日本和美国企业的跨国履责经验,为在海外的中国企业开展履责实践提供借鉴。

Abstract

Blue Book of Corporate Social Responsibility published 8 consecutive years since 2009. Following and developing the research methods and routes of the Blue Book, the research group writes the *Research Report on Coporate Social Responsibility of Chinese Overseas Enterprises* (2016 ~ 2017), this is the first CSR report in Chinese overseas enterprises. The book is consisted by 4 parts: General Report, Practice Reports, Referenced Reports and Appendixes.

The research objects based on the Top100 overseas non-financial multinational enterprises from China's foreign direct investment statistics bulletin 2014, and considered the stock of foreign direct investment and the list of the top 100 sales income of overseas enterprises choose 100 enterprises as the final list of research object. Collecting the CSR information from their CSR reports, CSR country reports and official websites, the research group did an all-around research on the current CSR management and CSR information disclosure.

The Practice Reports are consisted by excellent practical cases from Chinese overseas companies. The research group launched a selection activity of excellent practical cases from Chinese overseas companies, collecting the practical cases into that report, including Power Construction Corporation of China, China Southern Power Grid, China Huadian Corporation, China Energy Conservation and Environmental Protection Group.

Referenced Reports are consisted by *The Research of Korean Government Promoting Overseas Corporations Social Responsibility* and other brilliant cases

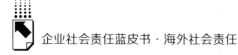
from multinational enterprises. *The Research of Korean Government Promoting Overseas Corporations Social Responsibility* collect and rearrange Korean government sector, especially the Ministry of Foreign Affairs and embassies in foreign countries, taking actions on promoting overseas social responsibilities of domestic enterprises, set an example for better promotion of Chinese government. Other excellent cases from Hyundai Motor Company, LG Chem, Posco, Mitsubishi Corporation, IBM and etc., provide the practical example for Chinese companies.

目　录

皮书数据库阅读 **使用指南**

CONTENTS

III   Referenced Reports

IV   Appendices

总 报 告

General Report

B.1

中资企业海外社会责任
发展报告（2016）

摘　要： 报告根据海外社会责任指标体系，对中资企业海外社
会责任发展水平开展全面评价，研究结果发现，中资
企业海外社会责任平均发展指数为 25.67 分，整体处
于起步者阶段，六成企业得分低于 20 分，仍在"旁
观"，其中中央企业海外社会责任发展指数领先其他国
有企业和民营企业；不同行业的中资企业海外社会责
任指数存在较大差异，建筑行业的企业表现最好，而
批发贸易业企业表现相对较差；中资企业海外责任管
理略领先于责任实践，超半数的企业在英文官方网站
上设置了社会责任专栏，1/10 的企业发布了国别报告
或全球报告，海外社会责任传播渠道初步建立；中资
企业在信息披露方面差异性较小，无论是中央企业、

其他国有企业还是民营企业，都倾向于披露负责任的消费和生产以及促进目标实现的伙伴关系。

关键词： 中资企业　海外社会责任　发展指数

一　中资企业海外社会责任总体发展指数

（一）评价样本

课题组基于国家发改委政研室委托课题《"一带一路"与海外社会责任》，对中资企业海外社会责任发展水平开展全面评价，根据《2014年度中国对外直接投资统计公报》（以下简称《公报》）中境外企业资产总额非金融类跨国公司100强，并结合《公报》中2014年对外直接投资存量以及境外企业销售收入100强名单，删除其中已经重组合并的企业，最终选择排名靠前的100家企业为研究对象，系统考察中资企业海外社会责任管理和实践现状，辨析中资企业海外社会责任发展的阶段性特征，为中资企业海外社会责任研究提供基准参考，为中资企业海外运营提供信息参考，从而引导中资企业关注海外社会责任，更好地履行海外社会责任。

本研究共涵盖100家中资企业，其中中央企业42家，其他国有企业34家，民营企业24家；按照企业所属行业划分，包含电力行业（6个）、房地产业（5个）、混业（16个）、建筑业（8个）、交通运输服务业（5个）、矿业（14个）、批发贸易业（2个）、其他服务业（4个）、信息传输和技术服务业（4个）和制造业（36个）10个行业。具体名单见表1。

表1　中资企业海外社会责任样本名录

编号	企业名称	企业性质	行所属业	是否上市
1	TCL集团股份有限公司	民营企业	制造业	是
2	安徽省外经建设（集团）有限公司	其他国有企业	建筑业	否
3	宝钢集团有限公司	中央企业	制造业	否
4	北京控股集团有限公司	其他国有企业	混业	否
5	渤海钢铁集团有限公司	其他国有企业	制造业	否
6	大连万达集团股份有限公司	民营企业	房地产业	否
7	大冶有色金属公司	其他国有企业	矿业	是
8	方正集团有限公司	其他国有企业	混业	否
9	复星国际有限公司	民营企业	混业	是
10	光明食品（集团）有限公司	民营企业	制造业	否
11	广东省广新控股集团有限公司	其他国有企业	混业	否
12	广东粤海控股集团有限公司	其他国有企业	混业	否
13	广州越秀集团有限公司	其他国有企业	混业	否
14	国家电力投资集团公司	中央企业	电力行业	否
15	国家电网公司	中央企业	电力行业	否
16	海尔集团电器产业有限公司	民营企业	制造业	否
17	海航集团有限公司	民营企业	交通运输服务业	否
18	海信集团有限公司	其他国有企业	制造业	否
19	杭州热联集团股份有限公司	其他国有企业	批发贸易业	否
20	恒大集团有限公司	民营企业	房地产业	是
21	湖南华菱钢铁集团有限责任公司	民营企业	制造业	否
22	华润（集团）公司	中央企业	混业	否
23	华为技术有限公司	民营企业	制造业	否
24	华岳集团有限公司	民营企业	混业	否
25	冀中能源集团有限责任公司	其他国有企业	矿业	是
26	江苏沙钢集团有限公司	民营企业	制造业	否
27	金川集团股份有限公司	其他国有企业	矿业	否
28	金龙精密铜管集团股份有限公司	民营企业	制造业	否

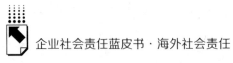

续表

编号	企业名称	企业性质	行所属业	是否上市
29	九三粮油工业集团有限公司	其他国有企业	制造业	否
30	联想控股有限公司	民营企业	制造业	是
31	绿地集团有限公司	其他国有企业	房地产业	否
32	美的集团股份有限公司	民营企业	制造业	否
33	宁波杉杉股份有限公司	民营企业	制造业	是
34	青建集团股份公司	其他国有企业	建筑业	否
35	三一重工股份有限公司	民营企业	制造业	是
36	厦门建发股份有限公司	其他国有企业	混业	是
37	山东大海集团有限公司	民营企业	混业	否
38	山东钢铁集团有限公司	其他国有企业	制造业	否
39	山东能源集团有限公司	其他国有企业	矿业	否
40	山东祥光集团有限公司	民营企业	混业	否
41	上海吉利兆圆国际投资有限公司	民营企业	其他服务业	否
42	深业集团有限公司	其他国有企业	房地产业	否
43	深圳市中金岭南有色金属股份有限公司	其他国有企业	混业	是
44	首钢总公司	其他国有企业	制造业	否
45	四川长虹电器股份有限公司	其他国有企业	制造业	是
46	太原钢铁(集团)有限公司	其他国有企业	制造业	否
47	天津物产集团有限公司	其他国有企业	批发贸易业	否
48	同方股份有限公司	其他国有企业	信息传输和技术服务业	是
49	万科企业股份有限公司	民营企业	房地产业	是
50	万向集团公司	民营企业	制造业	否
51	潍柴动力股份有限公司	其他国有企业	制造业	是
52	瓮福(集团)有限责任公司	其他国有企业	制造业	否
53	武汉钢铁(集团)公司	中央企业	制造业	是
54	烟台新益投资有限公司	民营企业	其他服务业	否
55	兖州煤业股份有限公司	其他国有企业	矿业	是
56	云南铜业(集团)有限责任公司	其他国有企业	矿业	否
57	招商局集团有限公司	中央企业	混业	否

续表

编号	企业名称	企业性质	行所属业	是否上市
58	中国保利集团公司	中央企业	混业	否
59	中国兵器工业集团公司	中央企业	制造业	否
60	中国船舶工业集团公司	中央企业	制造业	否
61	中国电力建设集团有限公司	中央企业	建筑业	否
62	中国电子信息产业集团有限公司	中央企业	制造业	否
63	中国东方航空集团公司	中央企业	交通运输服务业	否
64	中国广核集团有限公司	中央企业	电力行业	否
65	中国国电集团公司	中央企业	电力行业	否
66	中国国际海运集装箱（集团）股份有限公司	其他国有企业	交通运输服务业	是
67	中国国新控股有限责任公司	中央企业	其他服务业	否
68	中国海洋石油总公司	中央企业	矿业	否
69	中国航空工业集团公司	中央企业	制造业	否
70	中国航空集团公司	中央企业	交通运输服务业	否
71	中国航天科技集团公司	中央企业	制造业	否
72	中国华电集团公司	中央企业	电力行业	否
73	中国华能集团公司	中央企业	电力行业	否
74	中国化工集团公司	中央企业	制造业	否
75	中国黄金集团公司	中央企业	矿业	否
76	中国建材集团有限公司	中央企业	制造业	否
77	中国建筑工程总公司	中央企业	建筑业	否
78	中国交通建设集团公司	中央企业	建筑业	是
79	中国节能环保集团公司	中央企业	混业	否
80	中国联合网络通信集团有限公司	中央企业	信息传输和技术服务业	否
81	中国旅游集团公司	中央企业	其他服务业	是
82	中国铝业公司	中央企业	矿业	否
83	中国石油化工集团公司	中央企业	矿业	否
84	中国石油天然气集团公司	中央企业	矿业	否

续表

编号	企业名称	企业性质	所属行业	是否上市
85	中国铁道建筑总公司	中央企业	建筑业	否
86	中国铁路工程总公司	中央企业	建筑业	否
87	中国五矿集团公司	中央企业	矿业	否
88	中国移动通信集团公司	中央企业	信息传输和技术服务业	否
89	中国有色矿业集团有限公司	中央企业	矿业	否
90	中国远洋海运集团总公司	中央企业	交通运输服务业	否
91	中国长江三峡集团公司	中央企业	建筑业	否
92	中国中钢集团公司	中央企业	制造业	否
93	中国中化集团公司	中央企业	制造业	否
94	中国中信集团有限公司	其他国有企业	混业	否
95	中国重型汽车集团有限公司	其他国有企业	制造业	否
96	中粮集团有限公司	中央企业	制造业	否
97	中兴通讯股份有限公司	民营企业	制造业	是
98	珠海格力电器股份有限公司	民营企业	制造业	是
99	紫光股份有限公司	其他国有企业	信息传输和技术服务业	是
100	紫金矿业集团股份有限公司	其他国有企业	矿业	是

（二）评价结果

1. 中资企业海外社会责任发展指数（2016）评价结果

表 2 中资企业海外社会责任发展指数总排名

单位：分

排名	企业名称	企业性质	所属行业	总计	发展阶段
1	华为技术有限公司	民营企业	制造业	95.29	卓越者
1	中国石油天然气集团公司	中央企业	矿业	95.29	卓越者
1	海航集团有限公司	民营企业	交通运输服务业	95.29	卓越者

排名	企业名称	企业性质	所属行业	总计	发展阶段
4	中国有色矿业集团有限公司	中央企业	矿业	90.59	卓越者
5	中国电力建设集团有限公司	中央企业	建筑业	90.29	卓越者
6	中国海洋石油总公司	中央企业	矿业	90.00	卓越者
7	中国五矿集团公司	中央企业	矿业	85.88	卓越者
8	中兴通讯股份有限公司	民营企业	制造业	76.47	领先者
9	联想控股有限公司	民营企业	制造业	71.76	领先者
9	中国石油化工集团公司	中央企业	矿业	71.76	领先者
11	中国中钢集团公司	中央企业	制造业	66.76	领先者
12	中国中化集团公司	中央企业	制造业	66.47	领先者
13	中国远洋海运集团总公司	中央企业	交通运输服务业	61.76	领先者
13	中国交通建设集团公司	中央企业	建筑业	61.76	领先者
13	中国铁道建筑总公司	中央企业	建筑业	61.76	领先者
16	国家电网公司	中央企业	电力行业	57.06	追赶者
16	中国移动通信集团公司	中央企业	信息传输和技术服务业	57.06	追赶者
18	中国航空工业集团公司	中央企业	制造业	56.76	追赶者
18	中国节能环保集团公司	中央企业	混业	56.76	追赶者
20	中国铁路工程总公司	中央企业	建筑业	52.35	追赶者
20	中国建筑工程总公司	中央企业	建筑业	52.35	追赶者
22	中国电子信息产业集团有限公司	中央企业	制造业	52.06	追赶者
23	武汉钢铁（集团）公司	中央企业	制造业	42.94	追赶者
23	中国华电集团公司	中央企业	电力行业	42.94	追赶者
25	中国化工集团公司	中央企业	制造业	38.24	起步者
25	中国建材集团有限公司	中央企业	制造业	38.24	起步者
27	中国长江三峡集团公司	中央企业	建筑业	37.94	起步者
28	中国联合网络通信集团有限公司	中央企业	信息传输和技术服务业	33.53	起步者

续表

排名	企业名称	企业性质	所属行业	总计	发展阶段
28	中国东方航空集团公司	中央企业	交通运输服务业	33.53	起步者
30	兖州煤业股份有限公司	其他国有企业	矿业	33.24	起步者
30	国家电力投资集团公司	中央企业	电力行业	33.24	起步者
32	宝钢集团有限公司	中央企业	制造业	28.82	起步者
33	安徽省外经建设（集团）有限公司	其他国有企业	建筑业	28.53	起步者
33	北京控股集团有限公司	其他国有企业	混业	28.53	起步者
33	中国兵器工业集团公司	中央企业	制造业	28.53	起步者
36	中国华能集团公司	中央企业	电力行业	24.12	起步者
36	中国黄金集团公司	中央企业	矿业	24.12	起步者
38	中国中信集团有限公司	其他国有企业	混业	23.82	起步者
38	中国国电集团公司	中央企业	电力行业	23.82	起步者
38	海尔集团电器产业有限公司	民营企业	制造业	23.82	起步者
41	中国船舶工业集团公司	中央企业	制造业	19.41	旁观者
41	万科企业股份有限公司	民营企业	房地产业	19.41	旁观者
43	大连万达集团股份有限公司	民营企业	房地产业	19.12	旁观者
43	复星国际有限公司	民营企业	混业	19.12	旁观者
43	中国航天科技集团公司	中央企业	制造业	19.12	旁观者
46	中国铝业公司	中央企业	矿业	18.82	旁观者
47	珠海格力电器股份有限公司	民营企业	制造业	14.41	旁观者
47	中国广核集团有限公司	中央企业	电力行业	14.41	旁观者
47	中粮集团有限公司	中央企业	制造业	14.41	旁观者
47	海信集团有限公司	其他国有企业	制造业	14.41	旁观者
47	恒大集团有限公司	民营企业	房地产业	14.41	旁观者
47	青建集团股份公司	其他国有企业	建筑业	14.41	旁观者
47	紫金矿业集团股份有限公司	其他国有企业	矿业	14.41	旁观者

排名	企业名称	企业性质	所属行业	总计	发展阶段
47	招商局集团有限公司	中央企业	混业	14.41	旁观者
47	广东粤海控股集团有限公司	其他国有企业	混业	14.41	旁观者
47	三一重工股份有限公司	民营企业	制造业	14.41	旁观者
57	TCL集团股份有限公司	民营企业	制造业	9.71	旁观者
57	方正集团有限公司	其他国有企业	混业	9.71	旁观者
57	金川集团股份有限公司	其他国有企业	矿业	9.71	旁观者
57	绿地集团有限公司	其他国有企业	房地产业	9.71	旁观者
57	厦门建发股份有限公司	其他国有企业	混业	9.71	旁观者
57	深业集团有限公司	其他国有企业	房地产业	9.71	旁观者
57	太原钢铁（集团）有限公司	其他国有企业	制造业	9.71	旁观者
57	潍柴动力股份有限公司	其他国有企业	制造业	9.71	旁观者
57	广州越秀集团有限公司	其他国有企业	混业	9.71	旁观者
57	中国国际海运集装箱（集团）股份有限公司	其他国有企业	交通运输服务业	9.71	旁观者
57	华润（集团）公司	中央企业	混业	9.71	旁观者
57	中国保利集团公司	中央企业	混业	9.71	旁观者
57	中国旅游集团公司	中央企业	其他服务业	9.71	旁观者
57	中国航空集团公司	中央企业	交通运输服务业	9.71	旁观者
57	江苏沙钢集团有限公司	民营企业	制造业	9.71	旁观者
57	华岳集团有限公司	民营企业	混业	9.71	旁观者
57	山东大海集团有限公司	民营企业	混业	9.71	旁观者
74	中国重型汽车集团有限公司	其他国有企业	制造业	9.41	旁观者
75	深圳市中金岭南有色金属股份有限公司	其他国有企业	混业	0.00	旁观者
75	光明食品（集团）有限公司	民营企业	制造业	0.00	旁观者
75	湖南华菱钢铁集团有限责任公司	民营企业	制造业	0.00	旁观者

续表

排名	企业名称	企业性质	所属行业	总计	发展阶段
75	金龙精密铜管集团股份有限公司	民营企业	制造业	0.00	旁观者
75	美的集团股份有限公司	民营企业	制造业	0.00	旁观者
75	宁波杉杉股份有限公司	民营企业	制造业	0.00	旁观者
75	山东祥光集团有限公司	民营企业	混业	0.00	旁观者
75	上海吉利兆圆国际投资有限公司	民营企业	其他服务业	0.00	旁观者
75	万向集团公司	民营企业	制造业	0.00	旁观者
75	烟台新益投资有限公司	民营企业	其他服务业	0.00	旁观者
75	渤海钢铁集团有限公司	其他国有企业	制造业	0.00	旁观者
75	大冶有色金属公司	其他国有企业	矿业	0.00	旁观者
75	广东省广新控股集团有限公司	其他国有企业	混业	0.00	旁观者
75	杭州热联集团股份有限公司	其他国有企业	批发贸易业	0.00	旁观者
75	冀中能源集团有限责任公司	其他国有企业	矿业	0.00	旁观者
75	九三粮油工业集团有限公司	其他国有企业	制造业	0.00	旁观者
75	山东钢铁集团有限公司	其他国有企业	制造业	0.00	旁观者
75	山东能源集团有限公司	其他国有企业	矿业	0.00	旁观者
75	首钢总公司	其他国有企业	制造业	0.00	旁观者
75	四川长虹电器股份有限公司	其他国有企业	制造业	0.00	旁观者
75	天津物产集团有限公司	其他国有企业	批发贸易业	0.00	旁观者
75	同方股份有限公司	其他国有企业	信息传输和技术服务业	0.00	旁观者
75	瓮福(集团)有限责任公司	其他国有企业	制造业	0.00	旁观者
75	云南铜业(集团)有限责任公司	其他国有企业	矿业	0.00	旁观者

续表

排名	企业名称	企业性质	所属行业	总计	发展阶段
75	紫光股份有限公司	其他国有企业	信息传输和技术服务业	0.00	旁观者
75	中国国新控股有限责任公司	中央企业	其他服务业	0.00	旁观者

2. 中央企业海外社会责任发展指数（2016）评价结果

表3　中央企业海外社会责任发展指数排名

单位：分

排名	企业名称	所属行业	总计	发展阶段
1	中国石油天然气集团公司	矿业	95.29	卓越者
2	中国有色矿业集团有限公司	矿业	90.59	卓越者
3	中国电力建设集团有限公司	建筑业	90.29	卓越者
4	中国海洋石油总公司	矿业	90.00	卓越者
5	中国五矿集团公司	矿业	85.88	卓越者
6	中国石油化工集团公司	矿业	71.76	领先者
7	中国中钢集团公司	制造业	66.76	领先者
8	中国中化集团公司	制造业	66.47	领先者
9	中国远洋海运集团总公司	交通运输服务业	61.76	领先者
9	中国交通建设集团公司	建筑业	61.76	领先者
9	中国铁道建筑总公司	建筑业	61.76	领先者
12	国家电网公司	电力行业	57.06	追赶者
12	中国移动通信集团公司	信息传输和技术服务业	57.06	追赶者
14	中国航空工业集团公司	制造业	56.76	追赶者
14	中国节能环保集团公司	混业	56.76	追赶者
16	中国铁路工程总公司	建筑业	52.35	追赶者

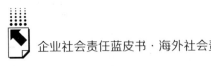

续表

排名	企业名称	所属行业	总计	发展阶段
16	中国建筑工程总公司	建筑业	52.35	追赶者
18	中国电子信息产业集团有限公司	制造业	52.06	追赶者
19	武汉钢铁(集团)公司	制造业	42.94	追赶者
19	中国华电集团公司	电力行业	42.94	追赶者
21	中国化工集团公司	制造业	38.24	起步者
21	中国建材集团有限公司	制造业	38.24	起步者
23	中国长江三峡集团公司	建筑业	37.94	起步者
24	中国联合网络通信集团有限公司	信息传输和技术服务业	33.53	起步者
24	中国东方航空集团公司	交通运输服务业	33.53	起步者
26	国家电力投资集团公司	电力行业	33.24	起步者
27	宝钢集团有限公司	制造业	28.82	起步者
28	中国兵器工业集团公司	制造业	28.53	起步者
29	中国华能集团公司	电力行业	24.12	起步者
29	中国黄金集团公司	矿业	24.12	起步者
31	中国国电集团公司	电力行业	23.82	起步者
32	中国船舶工业集团公司	制造业	19.41	旁观者
33	中国航天科技集团公司	制造业	19.12	旁观者
34	中国铝业公司	矿业	18.82	旁观者
35	中国广核集团有限公司	电力行业	14.41	旁观者
35	中粮集团有限公司	制造业	14.41	旁观者
35	招商局集团有限公司	混业	14.41	旁观者
38	华润(集团)公司	混业	9.71	旁观者
38	中国保利集团公司	混业	9.71	旁观者
38	中国旅游集团公司	其他服务业	9.71	旁观者
38	中国航空集团公司	交通运输服务业	9.71	旁观者
42	中国国新控股有限责任公司	其他服务业	0.00	旁观者

3. 其他国有企业海外社会责任发展指数（2016）评价结果

表4　其他国有企业海外社会责任发展指数排名

单位：分

排名	企业名称	所属行业	总计	发展阶段
1	兖州煤业股份有限公司	矿业	33.24	起步者
2	安徽省外经建设（集团）有限公司	建筑业	28.53	起步者
2	北京控股集团有限公司	混业	28.53	起步者
4	中国中信集团有限公司	混业	23.82	起步者
5	海信集团有限公司	制造业	14.41	旁观者
5	青建集团股份公司	建筑业	14.41	旁观者
5	紫金矿业集团股份有限公司	矿业	14.41	旁观者
5	广东粤海控股集团有限公司	混业	14.41	旁观者
9	方正集团有限公司	混业	9.71	旁观者
9	金川集团股份有限公司	矿业	9.71	旁观者
9	绿地集团有限公司	房地产业	9.71	旁观者
9	厦门建发股份有限公司	混业	9.71	旁观者
9	深业集团有限公司	房地产业	9.71	旁观者
9	太原钢铁（集团）有限公司	制造业	9.71	旁观者
9	潍柴动力股份有限公司	制造业	9.71	旁观者
9	广州越秀集团有限公司	混业	9.71	旁观者
9	中国国际海运集装箱（集团）股份有限公司	交通运输服务业	9.71	旁观者
18	中国重型汽车集团有限公司	制造业	9.41	旁观者
19	深圳市中金岭南有色金属股份有限公司	混业	0.00	旁观者
19	渤海钢铁集团有限公司	制造业	0.00	旁观者
19	大冶有色金属公司	矿业	0.00	旁观者
19	广东省广新控股集团有限公司	混业	0.00	旁观者
19	杭州热联集团股份有限公司	批发贸易业	0.00	旁观者
19	冀中能源集团有限责任公司	矿业	0.00	旁观者
19	九三粮油工业集团有限公司	制造业	0.00	旁观者

续表

排名	企业名称	所属行业	总计	发展阶段
19	山东钢铁集团有限公司	制造业	0.00	旁观者
19	山东能源集团有限公司	矿业	0.00	旁观者
19	首钢总公司	制造业	0.00	旁观者
19	四川长虹电器股份有限公司	制造业	0.00	旁观者
19	天津物产集团有限公司	批发贸易业	0.00	旁观者
19	同方股份有限公司	信息传输和技术服务业	0.00	旁观者
19	瓮福(集团)有限责任公司	制造业	0.00	旁观者
19	云南铜业(集团)有限责任公司	矿业	0.00	旁观者
19	紫光股份有限公司	信息传输和技术服务业	0.00	旁观者

4. 民营企业海外社会责任发展指数（2016）评价结果

表5　民营企业海外社会责任发展指数排名

单位：分

排名	企业名称	所属行业	总计	发展阶段
1	华为技术有限公司	制造业	95.29	卓越者
1	海航集团有限公司	交通运输服务业	95.29	卓越者
3	中兴通讯股份有限公司	制造业	76.47	领先者
4	联想控股有限公司	制造业	71.76	领先者
5	海尔集团电器产业有限公司	制造业	23.82	起步者
6	万科企业股份有限公司	房地产业	19.41	旁观者
7	大连万达集团股份有限公司	房地产业	19.12	旁观者
7	复星国际有限公司	混业	19.12	旁观者
9	珠海格力电器股份有限公司	制造业	14.41	旁观者
9	恒大集团有限公司	房地产业	14.41	旁观者
9	三一重工股份有限公司	制造业	14.41	旁观者
12	TCL集团股份有限公司	制造业	9.71	旁观者

续表

排名	企业名称	所属行业	总计	发展阶段
12	江苏沙钢集团有限公司	制造业	9.71	旁观者
12	华岳集团有限公司	混业	9.71	旁观者
12	山东大海集团有限公司	混业	9.71	旁观者
16	光明食品(集团)有限公司	制造业	0.00	旁观者
16	湖南华菱钢铁集团有限责任公司	制造业	0.00	旁观者
16	金龙精密铜管集团股份有限公司	制造业	0.00	旁观者
16	美的集团股份有限公司	制造业	0.00	旁观者
16	宁波杉杉股份有限公司	制造业	0.00	旁观者
16	山东祥光集团有限公司	混业	0.00	旁观者
16	上海吉利兆圆国际投资有限公司	其他服务业	0.00	旁观者
16	万向集团公司	制造业	0.00	旁观者
16	烟台新益投资有限公司	其他服务业	0.00	旁观者

（三）中资企业海外社会责任阶段特征

1.中资企业海外社会责任平均发展指数为25.67分，整体处于起步者阶段，六成企业得分低于20分，仍在"旁观"

本研究发现，中资企业海外社会责任发展指数为25.67分，整体处于"起步者"阶段。具体来看，有7家企业（占7%）的海外社会责任指数超过80分，处于"卓越者"阶段；有8家企业（占8%）海外社会责任指数在60~80分，处于"领先者"阶段；有9家企业（占9%）海外社会责任指数在40~60分，处于"追赶者"阶段；有16家企业（占16%）海外社会责任指数在20~40分，处于"起步者"阶段；海外社会责任指数低于20分，处于"旁观者"阶段的企业数量最多，有60家（占60%），其中有26家企业（占26%）的海外社会责任发展指数得分为0，未主动披露任何海外社会责任相关信息（见图1）。

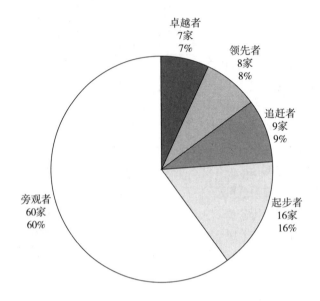

图1　2016年中资企业海外社会责任指数分布

如图2所示，海外社会责任指数超过80分的7家企业中，有5家中央企业（占71%）和2家民营企业（占29%）。由此可以看出，仅有少数企业能较为全面地披露海外社会责任信息，大多数中资企业社会责任信息披露水平不足，且处于较低的发展阶段。一方面反映了海外社会责任理念未能在"走出去"的中资企业中形成广泛的传播和认同，多数企业并没有将海外社会责任纳入日常工作和经营管理，另一方面也反映了中资企业未能建立有效全面的海外社会责任管理和信息披露机制，信息披露不及时、不主动，与利益相关方缺乏及时有效的沟通。

2. 中央企业海外社会责任发展指数处于"追赶者"阶段，领先于其他国有企业（"旁观者"阶段）和民营企业（"起步者"阶段）

中央企业、其他国有企业和民营企业三类中资企业社会责任发展指数存在一定程度的差异性，中央企业海外社会责任发展指数最高

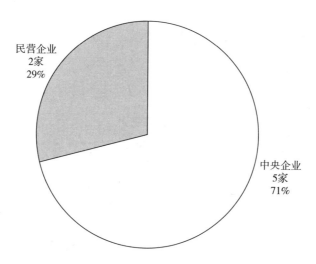

图2　海外社会责任指数达"卓越者"阶段的企业类型分布

（42.77分），民营企业次之（20.93分），其他国有企业最低（7.90分）（见图3）。相对来说，中央企业在海外开展业务时间更久，经验更加丰富，履行社会责任的意识更强；而民营企业海外社会责任的得分存在非常严重的不均衡，少数民营企业的海外社会责任表现优秀，在100家企业中名列前茅，但绝大部分民营企业的海外社会责任仍然处于"旁观者"或"起步者"阶段；在三类企业中，其他国有企业的海外社会责任发展水平最低，近90%处于"旁观者"阶段，仍未采取任何方式披露社会责任信息（见图4）。

3. 不同行业的中资企业海外社会责任指数存在较大差异，建筑行业的企业表现最好，为49.92分，处于"追赶者"阶段，而批发贸易业企业表现相对较差，为0分，处于"旁观者"阶段

从中资企业所属行业看，不同行业的中资企业海外社会责任发展指数存在一定差异。总体看，建筑业、交通运输服务业的海外社会责任发展水平高于其他行业的海外社会责任发展水平，其社会责任发展指数分别为49.92分和42分，处于追赶者阶段，矿业（38.13分）、电力行业（32.60分）、制造业（23.07分）、信息传输和技术服务业

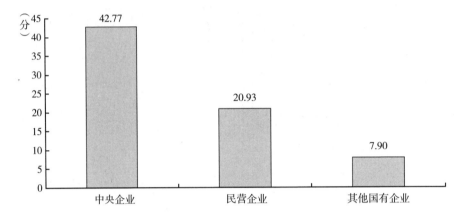

图3 不同性质中资企业海外社会责任发展指数

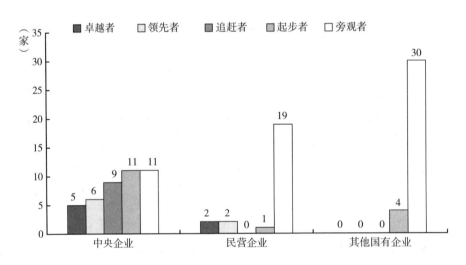

图4 不同性质中资企业海外社会责任发展阶段分布

（22.65 分）的海外社会责任发展水平处于"起步者"阶段，房地产业（14.47 分）、混业（14.06 分）、其他服务业（2.43 分）以及批发贸易业（0 分）的海外社会责任发展水平处于"旁观者"水平（见图5）。

4. 中资企业海外责任管理略领先于责任实践

海外企业社会责任包括责任管理和责任实践两大板块。2016 年

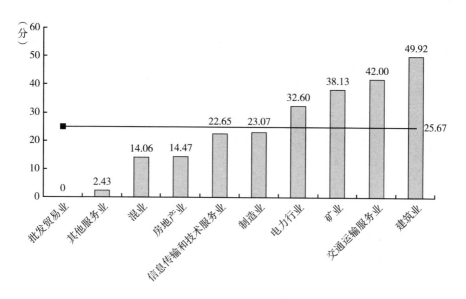

图5 不同行业中资企业海外社会责任发展指数

中资企业海外社会责任管理指数得分为30分，处于起步者阶段，责任实践指数①得分为24.59分，处于起步者阶段，责任管理指数略微高于责任实践指数。其中，中央企业的责任管理指数（44.64分）高于民营企业（29.17分）和其他国有企业（12.50分）；中央企业的责任实践指数（42.30分）高于民营企业（18.87分）和其他国有企业（6.75分）（见图6）。

5. 沟通渠道初步建成，发布国别报告成为沟通有效途径

100家企业中，有66家企业的英文网站设置了社会责任专栏，其中中央企业35家，占42家中央企业的83.3%；其他国有企业16家，占34家其他国有企业的47.1%；民营企业15家，占24家民营企业的62.5%。

100家企业中，有10家企业发布了英文版或其他语种的社会责

---

① 责任实践指数为17个责任实践议题（可持续发展目标，SDGs）的平均值。

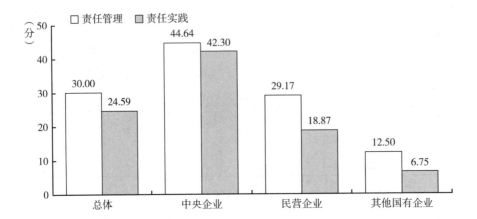

图6 中资企业海外社会责任发展指数的结构特征

任国别报告或全球报告，其中6家中央企业，占42家中央企业的14.3%；4家民营企业，占24家民营企业的16.7%。

100家企业中，34家企业在英文版社会责任报告中设置了海外社会责任板块。其中中央企业28家，占42家中央企业的66.7%；其他国有企业1家，占34家其他国有企业的2.9%；民营企业5家，占24家民营企业的20.8%（见图7）。

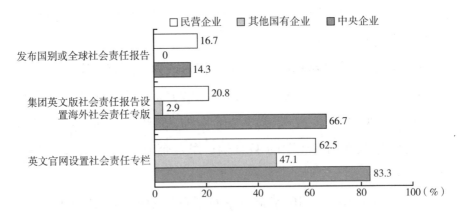

图7 中资企业海外社会责任沟通渠道建设情况

综合来看，超半数的企业在英文官方网站上设置了社会责任专栏；1/3以上的企业发布了英文版社会责任报告，并设置了海外社会责任板块；1/10的企业发布了国别报告或全球报告，中资企业海外社会责任传播渠道初步建立。在3类企业中，中央企业的海外责任沟通处于领先地位。已发布国别或全球社会责任/可持续发展报告的中资企业见表6。

表6　已发布国别或全球社会责任/可持续发展报告的中资企业

编号	公司	发布时间	国别
1	*中兴通讯	2008～2015	全球
2	*华为	2008～2015	全球
		2011	北美
3	*联想	2009～2015	全球
4	*中国中钢	2008	非洲
5		2009	澳洲
6	*中国石油	2009	哈萨克斯坦
7		2010	苏丹
8		2011	拉丁美洲
9		2011	印度尼西亚
10	*中国五矿	2011	澳洲
11	*中国有色	2011	赞比亚
12		2013	蒙古国
13	万宝集团	2012	缅甸
14	*中国石化	2012	巴西
15		2013	非洲
16	中国电科	2013	海外
17	*海航	2015	全球
18	国机集团	2015	海外
19	*中国电建	2016	赞比亚

注：加"*"的企业属于本次研究样本内的企业。

6. 中资企业在信息披露方面差异性较小，无论是中央企业、其他国有企业还是民营企业，都倾向于披露负责任的消费和生产以及促进目标实现的伙伴关系

整体看，中资企业对海外社会责任议题的重视程度从高到低依次为：负责任的消费和生产，促进目标实现的伙伴关系，工业、创新和基础设施，优质教育，体面工作和经济增长，良好健康与福祉，廉价和清洁能源，消除贫困，可持续城市和社区，清洁饮水与卫生设施，缩小差距，陆地生物，消除饥饿，性别平等，气候行动，和平、正义与强大机构，水下生物（见图8）。

中资企业对负责任的消费和生产，促进目标实现的伙伴关系的关注度最高，而对和平、正义与强大机构和水下生物等议题关注度较低。究其原因，海外竞争性较强，中资企业通过负责任的消费和生产、促进目标实现的伙伴关系来降低经营风险，塑造良好的品牌形象。同时也反映了其整体社会责任发展水平较低，责任管理不完善，对于其他议题关注程度不够、履责实践较弱、责任沟通不足。

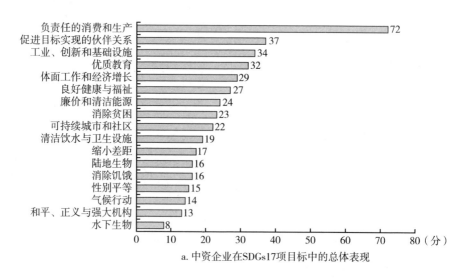

a. 中资企业在SDGs17项目标中的总体表现

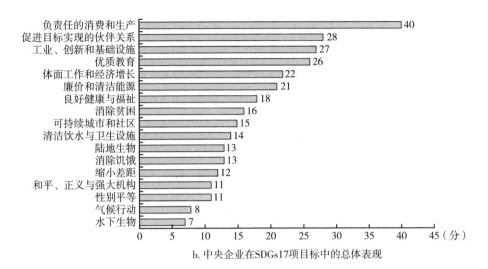

b. 中央企业在SDGs17项目标中的总体表现

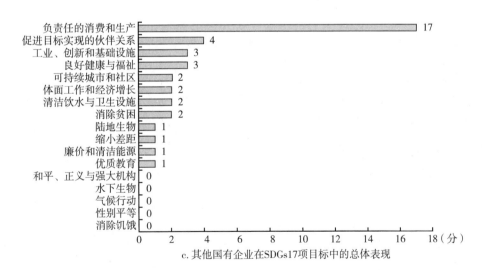

c. 其他国有企业在SDGs17项目标中的总体表现

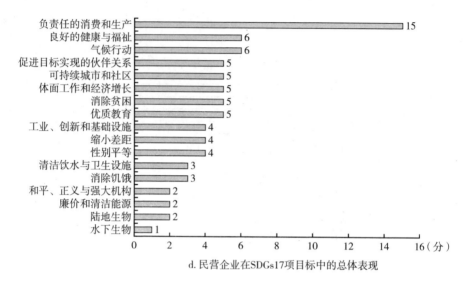

d.民营企业在SDGs17项目标中的总体表现

图8 中资企业海外社会责任议题指数表现

（四）研究方法与技术路线

本研究将企业海外社会责任发展指数界定为企业海外社会责任管理现状和社会/环境信息披露水平的综合指数，对企业海外社会责任信息进行内容分析和定量分析，得出企业海外社会责任发展指数初始得分，并根据责任奖项、责任缺失①对初始分数进行调整，得到企业海外社会责任发展指数最终得分与排名。

1. 指标体系

中资企业海外社会责任发展指数（2016）的评价指标包含两个领域，即海外社会责任管理以及海外社会责任实践（见图9），其中海外社会责任管理的评价指标包括是否发布海外社会责任报告（英文）、是否在官网设置海外社会责任板块（英文）、英文版社会责任

---

① 责任缺失负面信息的来源源自权威媒体和相关政府网站。

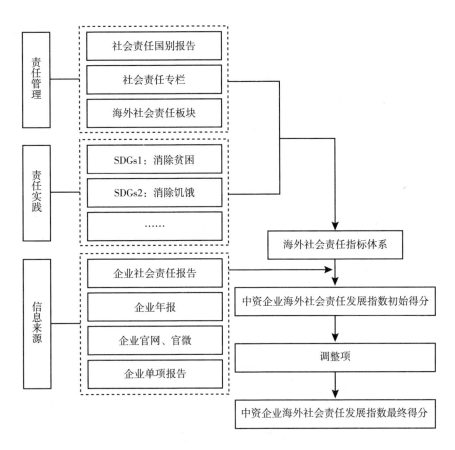

图9 中资企业海外社会责任发展指数研究路径

报告是否涉及海外社会责任内容；海外社会责任实践的评价指标为17个可持续发展目标（SDGs）（见表7）。

表7 中资企业海外社会责任发展指数（2016）的指标体系

责任板块	责任议题
责任管理（权重20%）	是否发布海外社会责任报告（英文）
	是否在官网设置海外社会责任板块（英文）
	英文版社会责任报告是否涉及海外社会责任内容

续表

责任板块	责任议题
责任实践（权重80%）	消除贫困
	消除饥饿
	良好的健康与福祉
	优质教育
	性别平等
	清洁饮水与卫生设施
	廉价和清洁能源
	体面工作和经济增长
	工业、创新和基础设施
	缩小差距
	可持续城市和社区
	负责任的消费和生产
	气候行动
	水下生物
	陆地生物
	和平、正义与强大机构
	促进目标实现的伙伴关系

2. 指标赋权和评分

中资企业海外社会责任发展指数的赋值和评分共分为以下四个步骤：

（1）根据指标体系中各项海外企业社会责任内容的相对重要性，运用层次分析法确定责任管理、责任实践两大类责任板块的权重，其中，责任管理占比20%，责任实践占比80%；

（2）根据企业海外社会责任管理现状和信息披露的情况，给出

各项社会责任内容下的每一个指标的得分；[①]

（3）根据权重和各项责任板块的得分，计算企业海外社会责任发展指数的初始得分。计算公式为：企业社会责任指数初始得分 $= \sum_{j=1,2,3,4} A_j \cdot W_j$，其中，$A_j$ 为企业某社会责任板块得分，W_j 为该项责任板块的权重；

（4）初始得分加上调整项得分就是企业海外社会责任发展指数得分。调整项得分包括海外社会责任相关奖项的奖励分、海外社会责任管理的创新实践加分，以及年度重大海外社会责任缺失扣分。

3. 资料来源

中资企业海外社会责任发展指数的评价信息来自企业主动、公开披露的社会/环境信息。这些信息应该满足以下基本原则：①主动性，向社会主动披露社会/环境信息是企业的重要责任，因此，这些信息应该是企业主动披露的信息；②公开性，利益相关方能够通过公开渠道方便地获取相关信息；③实质性，这些信息要能切实反映企业履行社会责任的水平；④有效性，这些信息要将企业的海外社会责任信息有效地传递给利益相关方，故课题组只采集英文版社会责任报告、海外报告和英文官网中的海外社会责任信息。

信息搜集截止日期为 2016 年 6 月 30 日。企业在此之前公开发布的企业社会责任报告、企业年度报告和海外社会责任报告，将纳入信息采集范围；否则不作为信息来源。企业官方网站的信息采集区间为 2015 年 7 月 1 日至 2016 年 6 月 30 日期间发布的消息。

此外，本研究在对企业履行海外社会责任的情况进行评价时，还考虑了企业的缺失行为和负面信息。因为中国企业很少主动披露负面

---

① 评分标准是：无论管理类指标或绩效类指标，如果从企业公开信息中能够说明企业已经建立了相关体系或者披露了相关绩效数据，就给分，否则，该项指标不得分。指标得分之和就是该项责任板块的得分。

信息，所以企业海外社会责任负面信息的来源不局限于社会责任报告、年报和官方网站，课题组统计权威媒体和政府网站的相关报道。

依据上述原则，本研究确定了以下主要信息来源：企业社会责任报告、企业年报、企业单项报告及企业官网、官微。

4. 发展阶段划分

为了直观地反映中资企业的海外社会责任现状和信息披露水平，课题组根据企业社会责任发展的阶段特征，将企业年度社会责任发展指数进行发展阶段分类，包括卓越者、领先者、追赶者、起步者和旁观者五个发展阶段，企业对应的社会责任发展指数和企业社会责任发展特征参见表8。

表8　企业社会责任发展类型

序号	得分区间	发展阶段	企业特征
1	80分以上	卓越者	企业建立了完善的社会责任管理体系,社会责任信息披露完整,是我国企业社会责任的卓越引领者
2	60～80分	领先者	企业逐步建立社会责任管理体系,社会责任信息披露较为完整,是我国企业社会责任的先行者
3	40～60分	追赶者	企业开始推动社会责任管理工作,社会责任披露基本完善,是社会责任领先企业的追赶者
4	20～40分	起步者	企业社会责任工作刚刚"起步",尚未建立系统的社会责任管理体系,社会责任信息披露也较为零散、片面,与领先者和追赶者有着较大的差距
5	20分以下	旁观者	企业社会责任信息披露严重不足

5. 企业社会责任发展指数系列

中资企业海外社会责任发展指数是对中资企业社会责任管理体系建设现状和海外社会责任信息披露水平进行评价的综合指数，按照企业性质划分，可形成中央企业、其他国有企业、民营企业海外社会责任发展指数。按照企业所属行业划分，可形成电力行业、房地产业、混业、建筑业、交通运输服务业等海外社会责任发展指数，进而形成中资企业海外社会责任发展指数系列（见表9）。

表9　中资企业海外社会责任发展指数组成

	指数分类	指数名称
中资企业海外社会责任发展指数系列	按企业性质划分	中央企业海外社会责任发展指数
		其他国有企业海外社会责任发展指数
		民营企业海外社会责任发展指数

二　中资企业海外社会责任十大事件

（一）第一部社会责任影像志《中国电建在赞比亚》

2016年1月10日，国内首部海外社会责任影像志——《中国电建在赞比亚》在由中国社会科学院经济学部企业社会责任研究中心主办的第二届分享责任年会暨"一带一路"与海外企业社会责任报告会上举办了首映仪式。影片采用志、视、听相结合的方式，通过实地拍摄，生动地记录了中国电力建设集团有限公司在赞比亚打造精品工程、积极融入当地、推动当地发展的典型案例，开创了中国企业海外社会责任传播的新方式。

在中央企业当中，这也是第一次用影像志的方式来展示社会责任的一些做法和成效。今天第一次看，我觉得感触还是很深的，用当地人的语言和视角来展示，比我们自己去宣传我们做得多好，可能这个震撼力和效果确实是要好很多。

——国务院国资委研究局副局长侯洁

（二）第一份国别报告《中钢集团可持续发展非洲报告》

2008 年 10 月 24 日，中国中钢集团公司发布了《中钢集团可持续发展非洲报告》，这是中国企业面向非洲地区发布的首份可持续发展报告，也是中国企业首次发布的海外社会责任报告。报告不仅展示了中钢集团在非洲社会责任工作的成效，树立了良好的国际品牌形象，也开创了中国企业海外社会责任工作的先河，为中国企业更好地"走出去"提供了借鉴。

（三）第一个海外培训中心"中国石化沙特培训中心"

中国石化于 2008 年在沙特成立的中国石化沙特培训中心，占地1.3 万平方米，主要包括教室、学员宿舍、办公室、实物教具展示区、祈祷室、运动健身场等设施，培训对象主要为沙籍员工，分为初、中、高三个层次，培训内容包括安全知识、钻井专业知识、英语培训等方面，既增强了中国石化沙特项目的队伍实力，也为沙特当地的发展建设做出贡献。截至 2015 年共举办各类培训班 522 期，培训沙特籍员工 2754 人，印巴等其他穆斯林国籍员工 3730 人，为沙特残疾人协会解决了 20 名残疾人的劳动就业问题。

（四）第一个在海外的希望小学"南方电网那磨希望小学"

2015 年，中国南方电网云南国际公司投资捐建老挝那磨县 CSG小学，并于 2016 年 3 月 11 日正式无偿移交乌多姆塞省教育与体育厅使用，学校建筑面积 523 平方米，共有教室 9 间、足球场 1 个，能同时满足 160 名学生就学，有效解决当地适龄儿童上学问题。老挝乌多姆塞省教育与体育厅、那磨县政府、老挝国家电力公司盛赞南方电网云南国际公司以实实在在的行动，真正做到通过项目建设惠及当地、造福民众，切实体现了"万家灯火、中老情深"的项目精神。

（五）第一个海外友谊村"中国·印尼友谊村"

中国·印尼友谊村是 2004 年印度洋海啸后中国政府利用民间捐款为亚齐灾民修建的新家园。中国·印尼友谊村是中国民间帮助印度尼西亚灾后重建、援建的建设规模最大的项目。由中华慈善总会和中国红十字会募资，中国电建集团承建，占地 22.9 公顷，包括 606 套标准砖混结构住房和各种配套设施。中国电建在施工建设中全部采用钢筋混凝土结构，最大限度地提升房屋在安全、抗震、隔热方面的质量标准。为此，印度尼西亚亚齐 – 尼亚斯重建委员会特别授予中国电建中国·印尼友谊村项目"亚齐重建特别贡献奖"，中国·印尼友谊村被当地媒体评价为"花园式的住宅区"。

图 10　中国·印尼友谊村

（六）海外最大的绿色炼油厂"中国石油苏丹喀土穆炼油厂"

喀土穆炼油有限公司是中国石油天然气集团公司（CNPC）与苏丹能矿部（Ministry of Energy & Mining）合资建设的苏丹境内第一个以现代化炼油厂为主体的合资公司。中国石油在苏丹投资建成世界最大的生物降解污水处理工程，实现生产污水零排放，为当地灌溉了百万亩经济林，极大地改善了当地生态环境，荣获苏丹能矿部颁发的2007年度环保优秀奖等多项荣誉。中石油在苏丹项目开展过程中，未发生过任何重大污染事故，废气、废水和固体废物排放皆达到当地和国际环保机构的排放标准。

图11 苏丹喀土穆项目地污水降解池成为欢乐的生态园

（七）走向世界的医疗援助"海航集团光明行"

海航集团自2004年7月在青海正式启动"海航——青藏高原光

明行"活动以来，与全国防盲技术指导组、北京同仁医院一起，先后在青海、四川、甘肃、湖北等地为 6000 余贫困白内障患者进行了复明治疗。2010 年 11 月以来，"海航光明行"从中国走向世界，为津巴布韦、马拉维当地 1000 余名非洲白内障患者实施免费复明手术。2012 年 9 月 23 日，联合国"南南奖"颁奖仪式在美国纽约举行，海航因连续 8 年开展"光明行"活动，荣膺"南南奖 – 企业社会责任奖"。

（八）以教育创造机会"华为未来种子"

"未来种子"（Seeds for the future）是华为全球 CSR（企业社会责任）旗舰项目，是华为在全球投入最大，并将长期持续投入的 CSR 活动。该项目自 2008 年发起，以培养本地 ICT 人才，推动技术转移和电信行业发展为目的，并鼓励各国家及地区参与到建立数字化社区的工作中。七年来，"未来种子"项目已在五大洲 67 个国家和地区撒下希望的种子，全球 150 多所高校的 15000 余名学生从中受益，已有 1700 多名来自全球各地的优秀大学生来到华为总部参观和学习。

（九）模范履责，助力项目成功运营"中国五矿秘鲁邦巴斯项目"

邦巴斯（LAS BAMBAS）项目位于秘鲁中南部，是目前全球最大的铜矿开发项目。在开发邦巴斯项目的同时，中国五矿将项目的社会责任投资放在企业经营的重要位置，积极融入当地，支持当地发展，践行社会责任，为邦巴斯项目成功运营提供了坚实的保障。为了使搬迁后的家庭及其后代恢复并提高生活水平，中国五矿制订了"生活恢复计划（LRP）"，确保各家各户在以下五个方面享有优先权利：能力建设、收入保障（就业/业务发展）、自然资源、健康和教育。

2015 年，邦巴斯项目为新弗拉邦巴镇社区制订了具体的发展计划，共涉及健康、教育、土地、畜牧、农业、就业、经济发展、弱势群体扶持、自然资源、组织强化、能力建设、教育基础设施和卫生等 13 个优先领域。新弗拉邦巴小镇的投资兴建和对当地居民的妥善安置在当地被评价为秘鲁铜矿业开发史上的一个里程碑，是企业与社区之间相互理解和支持的最佳实践案例。

（十）非洲第一个中国医院"中赞友谊医院"

中赞友谊医院由中国有色集团投资经营，是非洲大陆上唯一由中国人自主经营的医院，已成长为赞比亚第二大医院，中赞友谊医院的前身是 20 世纪 30 年代始建的恩卡纳矿山医院，2000 年前后由中国有色集团收购并以"中赞友谊医院"的名字正式投入使用，目前为赞比亚医疗设施最先进、服务最优质的医院。中赞友谊医院汇集了来自中国、赞比亚、印度和斯里兰卡等国的 110 余名医务工作者，日门诊量 180 多人次，服务人群近 4 万人，在当地急救、艾滋病和结核病防治、疫苗接种等方面起到了关键作用。在所有在赞医疗机构中，中赞友谊医院的收费最低，在服务好中资企业的同时，尽可能地为当地人民造福。

实践篇

Practical Reports

B.2

中国电建集团

——改善赞比亚电力短缺，服务当地发展

摘　要：　中国电建自 1999 年进入赞比亚市场以来，发挥公司自
身业务能力带动国内优质资源出口，全力协助赞比亚
政府致力于能源、道路、建筑等基础设施建设，并于
2013 年成立了中国水电赞比亚分公司。公司在赞比亚
完工和在建项目 10 余个，涉及领域为水电站、输电线
路、道路、房建和称重站等。公司在赞比亚推进业务
发展的同时，积极履行社会责任，促进当地经济、社
会和环境的共生发展，获得当地政府、社区、民众等
各相关方的赞誉和认可。

关键词：　赞比亚　电力建设　社会发展

中国电力建设集团有限公司（简称中国电建）是经国务院批准，于2011年底在中国水利水电建设集团公司、中国水电工程顾问集团公司和国家电网公司、中国南方电网有限责任公司所属的14个省区市电力勘测设计、工程、装备制造企业基础上组建的国有独资公司。公司是集提供水利电力工程及基础设施投融资、规划设计、工程施工、装备制造、运营管理于一体的综合性建设集团，主营业务为建筑工程（含勘测、规划、设计和工程承包），电力、水利（水务）及其他资源开发与经营，房地产开发与经营，相关装备制造与租赁。此外，受国家有关部委委托，承担了国家水电、风电、太阳能等清洁能源和新能源的规划、审查等职能。集团电力建设（规划、设计、施工等）能力和业绩位居全球行业第一。

中国电建作为中央企业"走出去"的排头兵，紧紧依托国家"一带一路""互联互通"等国家重大战略，积极融入经济全球一体化，充分发挥国际化经营特色和全产业链优势。中国电建在全球100个国家和地区设有302个驻外机构，海外业务以亚洲、非洲为主，辐射美洲、大洋洲和东欧，形成了以水利、电力建设为核心，涉及公路和轨道交通、市政、房建、水处理等领域综合发展的"大土木、大建筑"多元化市场结构。中国电建依托业务优势，在海外建设了大批民生工程，为世界各国创造了大量的就业机会，在境外雇用项目所在国及第三国劳务人员达6万余人，促进了经济发展和社会文明进步。

中国电建自1999年进入赞比亚市场以来，发挥公司自身业务能力带动国内优质资源出口，全力协助赞比亚政府致力于能源、道路、建筑等基础设施建设，在赞比亚推进业务发展的同时，积极履行社会责任，促进当地经济、社会和环境的共生发展，获得当地政府、社区、民众等各相关方的赞誉和认可。

一　责任管理

作为中央企业，中国电建坚持以"事耀民生，业润社会"为社会责任理念，建立健全社会责任组织体系，指定专门部门统筹负责社会责任工作，各业务部门结合职能定位分工负责、所属单位全面参与，促进可持续发展工作的系统化、规范化，实现将可持续发展治理与企业经营管理的有机结合。

公司制定了2014～2015年滚动发展规划，明确了社会责任目标，将"实施和谐发展，履行社会责任"作为战略举措之一，从战略层面上建立履行社会责任机制，建立健全社会责任管理体系和管理制度，通过透明的方式增加与利益相关方的互动，践行可持续发展蓝图。建立了全面的责任管理（TRM）体系，集团按照内外部视觉结合的思路构建社会责任管理模型，围绕综合价值最大化，采取"计划—实施—考核—持续改进"即PDCA循环，细分10个环节，构建履行企业社会责任的逻辑关系（见图1和表1）。

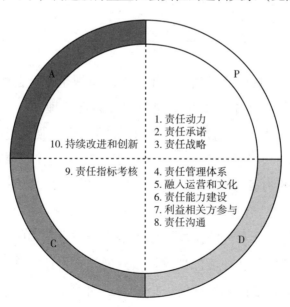

图1　中国电建社会责任管理模型

表 1　中国电建社会责任理念与责任主题

社会责任理念	事耀民生,业润社会
社会责任十大主题	坚持依法经营诚实守信
	不断提高持续盈利能力
	切实提高产品质量和服务水平
	推动自主创新和技术进步
	保障安全生产
	加强供应链管理
	维护客户(业主)权益
	维护员工权益与促进职业发展
	参与社区发展和公益事业
	切实保护环境
鲜明专题实践	友好建筑
	低碳生活
	携手关爱
特色业务实践	清洁可再生能源和水利资源开发
	海外经营
	建设项目全产业链

　　中国电建在赞比亚发展过程中,高度重视企业社会责任工作。在赞比亚运营的 16 年中,秉承集团公司社会责任理念,始终坚持真诚友好、平等互利、团结合作、共同发展的原则,强化与项目所在国(地区)的政府、社区居民、当地员工、合作伙伴、供应商与承包商、NGO 等的沟通与参与,了解需求,回应期望。中国电建在赞比亚依托业务优势,建设了大批民生工程,不仅改善了当地基础设施,还带动了当地就业和经济发展。注重自身产业运营中的资源节约、循环经济、生态恢复和环境保护。积极开展社会责任贡献,帮助当地弱势群体,助力社会问题的缓解,最终促进当地经济增长、环境保护和社会进步的协调发展。

中国电建在赞比亚履行社会责任的过程中，积极探索自己的发展道路，在守法合规、服务当地经济社会发展、保护劳工权益、资源环境保护、社区参与和发展方面取得了一定的成效。

二　守法合规

在海外运营中，中国电建始终坚守遵守国际公约和商业道德，不断完善国际业务发展管控制度体系，严格遵守当地法律法规和风俗习惯，合规经营。2014年，公司新修订和颁发了17个国际业务管控制度，如《驻外机构管理办法》《国际业务合规经营指导意见》《境外非传统安全与突发事件应急处理管理办法》《境外劳务用工指导意见》等，这些制度和办法对规范公司在国际市场上营销和履约行为，加强在建项目管理、保障员工权益、促进国际业务健康持续发展起到了重要作用。毫无疑问，这些制度，同样适用于在赞比亚经营的分公司。在赞比亚，中国电建切实遵守项目所在国（地区）的劳动保障法律法规；切实遵守反垄断、反不正当竞争法律规制，提倡公平竞争、反对市场垄断行为；切实遵守环境保护法律法规，完善环境管理，致力于清洁生产，开展节能减排，为环境保护和生态文明建设贡献力量。

三　服务当地经济社会发展

中国电建集团自1999年进入赞比亚市场以来，始终坚持"真诚友好、平等互利、团结合作、共同发展"的原则，充分发挥公司自身业务能力带动国内优质资源出口，全力协助赞比亚政府致力于能源、道路、建筑等基础设施建设。截至2014年底，完工和在建的项目十多个，涉及领域为水电站、输电线路、道路和房建等（见表2）。

通过工程建设，改善了项目所在国（地区）基础设施和能源需求等，尤其是在水电站建设方面。赞比亚是一个非常缺电的国家。2014年，中国电建在赞比亚完成总装机容量达18万千瓦，110千伏以上输电路129.2千米，大大提高了赞比亚国家发电量和供应量，在很大程度上缓解了赞比亚国家在电力能源方面的需求，为当地其他产业发展提供了能源动力，亦为国民生活条件的改善做出了很大贡献。同时，在赞比亚运营过程中，中国电建通过向当地缴纳税费、吸纳当地员工就业、实施本地化采购等措施，带动当地经济发展，提升当地居民收入水平，助力居民生活条件的改善。2014年，中国电建在赞比亚纳税达2346.41万元，项目部为当地社区提供就业岗位达1808个，员工本地化率达88%。此外，中国电建在赞比亚积极践行责任采购，2014年承包商通过ISO9001的比例为100%，为供应商和承包商积极提供培训，带动供应商与承包商积极履责，促进共同发展。

表2 中国电建在赞比亚完工和在建项目

编号	项目名称	类型	是否完工	进展情况
1	凯富峡水电站修复项目	水电站修复	是	项目良好履约，受到各方好评
2	卡里巴北岸电站扩机工程	水电站扩机	是	
3	卡里巴西亚丰加高级中学项目	房建	是	
4	卡皮里称重站项目	公路称重站	是	
5	伊泰兹水电站项目	水电站	否	项目进展良好
6	卡邦博水电站项目	水电站	否	
7	穆松达10MW水电站升级项目	水电站	否	
8	KK129公里输变电线路项目	输变电	否	
9	赞比亚慕番希亚至奇托皮132千伏输电线路	输变电	否	
10	钦萨累到木里来萨罗公路项目	公路	否	
11	KC45公路项目	公路	否	

资料来源：中国电建提供的材料整理。

案例1 实施卡里巴北岸水电站扩机工程，服务当地经济社会发展①

卡里巴水电站位于赞比亚和津巴布韦两国交界的赞比西（Zambezi）河中游卡里巴峡谷内，水库总库容1840亿立方米，是世界上蓄水量最大的水库之一。电站距赞比亚首都卢萨卡192公里，主要功能是发电。电站始建于20个世纪50年代，南岸电厂隶属津巴布韦，装机75万千瓦，1955年动工，1963年竣工，北岸电厂在赞比亚境内，装机60万千瓦，1970年12月开工，1976年投入试运行。卡里巴水电站北岸电厂担负着赞比亚全国54%的用电负荷。随着赞比亚经济的日益发展，国内对电的需求不断增大，扩建增容被提上议事日程。作为全球最具水利水电工程施工能力的中国电建由此走进了赞比亚。

1. 交付满意工程，改善赞比亚电力短缺

2007年11月15日，中国电建（时为中国水电）与赞比亚国家电力公司完成合同谈判，确定该合同实施模式为EPC总承包，施工内容主要是在原有的4台机组基础上，再增加安装2台机组，总扩机容量360MW，工程建设期为6年，扩机工程多年平均发电量383GWh。经6年左右的工程建设，2013年12月4日卡里巴水电站北岸扩机工程首台机组并网开始发电。5号机组成功发电后，6号机组也于2014年初顺利发电。两台新机组发电量占赞比亚全国总发电量的18%左右。电站建成后有利于增强赞比亚电网调峰填谷能力，对优化电源结构、改善电网运行条件、促进当地经济社会发展具有重要意义。按照赞比亚国家有关法律，对扩机工程进行的财务评价显示，全部投资财务内部基准收益率为8%。截至2015年6月30日，扩建的两台机组累计调峰发电量约20亿度，为业主创造了约1.6亿美元收入。电站的建成将为赞比亚带来经济效益、社会效益、清洁能源效

---

① 中国电建水电十一局官网、中国电建调研材料整理。

益、生态效益等多方面的积极影响。

　　"中国电建"是一家值得尊敬的承包商，感谢他们在面临诸多困难的情况下，高速度、高质量地完成了电站建设任务！

——业主赞比亚国家电力公司的高层管理人员

　　2. 本地化用工，提高社区居民生活质量

　　通过卡里巴工程，中国电建给当地民众的生活带来了许许多多的改变，在推进本土化管理过程中，在与当地民众的相互交融中建立起了新的友谊。大量的当地劳务参与到工程施工与管理中，在中国电建改变自己的生活。

　　"中国电建"的到来，改变了我全家人的生活！

——当地劳务 BANDA

　　BANDA 的家在离工地不远处的一个小山村里，2008 年卡里巴水电站开工没多久，他便跑到中国电建的驻地找到管理人员，在项目上谋到了一个小车司机的岗位。BANDA 和妻子一起育有 4 个儿子、2 个女儿。这是一个大家庭，生活负担相当重，自从 BANDA 有了一份稳定的收入后，全家的生活也就有了重要依靠。2010 年 BANDA 的大儿子也跟着他到工地找了一份差事，父子俩一起跟随"中国电建"为改变家庭命运打拼。2013 年，这个 8 口之家终于有了些许积蓄，大儿子和大女儿便上大学去了，而其他孩子也高高兴兴地走进了当地中小学的课堂里。

　　BANDA 在工地上工作 5 年，给他的家庭带来的变化用他自己的话说是"和以前相比这是不敢想象的"。"跟着'中国电建'干活我很开心！如果这个工程结束了，他们还有其他项目的话，我会一直跟着他们干下去，只要他们愿意用我。"BANDA 的话语里充满着期待，还有一份坚定与执着。

受益的不仅仅是 BANDA 的一家人，有着和 BANDA 一样期待的人还有很多。工程开工以来，累计雇用及培训当地人 1882 名，有 735 人成长为钻工、瓦工、木工、电焊工和机械操作等方面的技术骨干。和 BANDA 一样，他们通过自己在卡里巴工程的奋斗，改变的是身后一个大家庭的生活。

四　保护劳工权益

中国电建在赞比亚大力雇用当地员工，在促进公司更好地"入乡随俗"的同时解决当地就业问题，提高当地人民的生活水平。中国电建坚持一旦发现外方雇员能够胜任工作，就让中方员工离开；在外国的中方雇员都有一项使命，就是要培训出最能取代他们的外方雇员。

中国电建在赞比亚遵守当地劳动法，坚持平等雇用原则，与员工签订劳动合同，公平公正地对待不同种族、性别、宗教信仰和文化背景的员工。承诺在项目所在地区禁止雇用童工，抵制各种形式的强制性劳动。为员工提供合理的薪酬福利政策，保障员工安全，通过"传帮带"等方式提高本地员工技术技能，维护员工参与的权利，切实保障本地员工各项权益。2014 年，中国电建赞比亚分公司员工本地化比例达 88%，劳动合同率为 100%，员工培训覆盖率达 100%。

（一）依法管理

中国电建严格执行赞比亚当地劳动法和最低工资标准，根据当地风土人情及法律规定，制定行之有效的《当地雇员薪酬管理办法》，并及时上调当地雇员工资；与当地政府、议会和法院保持沟通，向当地大法官和地区主席寻求意见和支持，交流当地劳务管理方面的经验。

（二）保障员工安全

中国电建从赞比亚首都聘请专家对当地雇员进行紧急治疗救护培训，确保现场发生事故时能第一时间进行治疗；与项目所在地区医院签订医疗互助和协作协议，确保事故发生后以最快速度安排救护人员和车辆；中国电建积极预防非洲的地方病（如疟疾）和其他疾病，按照"有病早发现早治疗"的原则，组织安排当地雇员分批到当地医院进行医疗检查。

（三）尊重本地员工信仰和习俗

在赞比亚，中国电建尊重员工的宗教信仰和文化习俗，如在外籍员工休假、薪酬以及其他待遇的设计中，充分考虑民族文化的差异性，进而制定出合适的管理制度，建立雇工档案，根据当地风土人情及法律规定，制定《当地雇员管理办法》。此外在日常生活工作中，准许员工穿戴有重要宗教意义的服饰、提供从事宗教敬拜场所如在项目内规划并有序搭建了祷告室等。

（四）培养本地员工

中国电建重视劳务属地化工作，坚决贯彻"本土化"的劳动用工原则，并投入大量的培训力量提高本地员工技术技能。一方面派出国内优秀的工程技术和管理人员，在工作现场加大对当地工人的培训，广泛开展实施了"一帮一"活动，把操作工艺及技术要点教给本地员工，培养本地员工逐渐成长为可以从事驾驶、设备操作、修理、砌石、混凝土等较高技术要求的工作；另一方面，公司逐步完成国内的培训基地和培训师资，从国外优秀的员工中选派人员到国内参加培训，再由这些完成培训的员工组成培训讲师团，返回赞比亚对其他员工进行培训。

案例 2　伊泰兹项目部——评选优秀员工，增强员工自豪感[①]

伊泰兹水电站项目部有当地员工 333 人，涉及项目施工的 18 个熟练、非熟练工种以及管理岗位。为了增强本地员工的企业归属感、激发积极性和主动性，伊泰兹水电站项目部从尊重当地风俗入手，运用激励机制，评选优秀员工，促进项目建设。项目部根据每个员工的工作表现，协同配合和完成任务量等条件，对员工从班组到工区进行全面评价，采用发放"红包"的形式，对每一位员工辛勤工作一年的成绩予以肯定和奖励；对经过层层选拔评选出来的 31 名一等奖获得者，除重金奖励外，还专门制作优秀员工"光荣榜"，在施工现场和项目部宣传栏予以张贴，广泛宣传。

激励机制的实施和评选优秀员工，不仅是树立员工身边的典型，用榜样来激发全体员工充分发挥各自的优势和作用，在"比学赶帮超"中促进项目建设，也是项目对他们劳动价值的认同和尊重。

五　资源环境保护

中国电建在赞比亚涉及的业务领域主要是水电站、输电线路、道路、房建和称重站等，这些业务特点决定着其运营过程中对环境产生直接或间接的影响。在水电站、输电线路、道路、房建和称重站建设

---

① 中国电建伊泰兹水电站项目部提供材料整理。

过程中，涉及能源资源的消耗、水资源的消耗、"三废"（废水、废气、固体废弃物）的排放、噪声污染、粉尘污染、生态用地等环境问题。中国电建从环境管理体系建设、环保意识培训、环保目标设定、节约能源资源使用、降低"三废"排放、应对气候变化、水土保持、生物多样性保护等角度积极入手，为当地环境保护做出努力，促进生态自然的和谐发展。

案例3　伊泰兹项目部——注重环境保护，维护生态文明①

伊泰兹项目部注重对自然资源和环境的保护，对国际项目进行了环境管理体系国际认证。根据工程规模、结构特点，针对存在的重大环境因素，组织进行环境策划，并根据策划结果，制订环境技术方案、管理方案和作业指导书。在组织施工过程中执行有关爆破管理、废物管理、水土保持、野生动植物保护等环境保护的法律、法规和规章制度。

1. 爆破作业

针对爆破作业可能给环境和公有、私有财产产生影响，在使用炸药前根据相关法律取得《爆炸物品使用许可证书》，并在业主给定的安全区域修建炸药库，安排专人管理，在每次爆破前使用警报信号通知；在河流或靠近河流的地方进行爆破，采用控制爆破技术防止化学物质污染水道；爆破操作尽可能在白天进行以避免在夜晚干扰当地居民。

2. 废物管理

各食堂、卫生间按照是否可以回收设置垃圾桶，不可回收可分解易腐烂的固体废弃物，采用内置聚乙烯塑料袋或带有封闭盖子的塑料桶作为储存容器，在业主指定地点掩埋。对可回收的废弃物进行分类

---

① 中国电建提供的材料整理。

收集存放，对可重复利用的材料进行再利用，针对不能重复利用的废物，用具有防止固体废弃物遗撒和防雨措施的固体废弃物汽车进行运输，在业主或者地方政府指定区域进行处理。

3. 水土保持

注重施工过程中的水土保持，在施工临时用地周围安装防护和排水设施；搭建临时设施时尽量减少对植被的破坏，在营地周围进行绿化规划，植树种草养花；禁止对施工区域之外的树木砍伐，切割或其他破坏行为；对涉及清除和地面开挖的施工，将表层土和底层土有区别地清除，以便场地复原和其自然修复；对分离后保存在施工区域或营地现场或其临近区域树木进行妥善保护。

4. 野生动植物保护

在赞比亚，野生动植物受法律保护，施工人员在施工过程中如发现受保护植物物种，首先向环境协调员或现场工程师报告，最终就如何移除或运出该类物种给出具体方针；如在施工过程中发现动物踪迹的通道，应保持时刻畅通，避免影响动物通过。

六　社区参与和发展

在赞比亚，中国电建尊重所在项目所在社区的传统和文化，在项目建设之初，项目部通过咨询、调研和座谈等形式开展社区沟通，了解社区需求，做到开展的活动符合实际情况。由于文化的差异，中国电建鼓励员工积极参与社区文化交流活动，增强同居民的感情，拉近与居民之间的距离，促使中方文化与当地文化真正融合。公司大力参与和支持社区建设，鼓励员工参与当地在文化教育、医疗卫生、改善民生等方面开展形式多样的公益活动（见表3），急当地民众之所急，真正为社区贡献自身的力量，与当地社区共同发展，营造和谐友好的社区氛围。

表3　中国电建在社区参与和发展方面的社会责任实践概览（部分列举）

领域	活动时间	活动内容
教育援助	2010~2013 年	为改善 siavonga 当地教学环境,中国电建积极配合政府,以成本价对其当地希亚丰加高级中学进行扩建
	2013 年	向希亚丰加高级中学捐助 92 台电脑及 45 张桌椅
	2014 年 6 月	为了改善卡富埃地区学校的教学条件,中国电建 KK330 项目部以六一儿童节为契机向当地社区小学 JOSEPH COMMUNITY SCHOOL 捐赠大量书包、学习用品以及运动器材,并与孩子们载歌载舞欢度儿童节
关爱儿童	2012 年至 2014 年 6 月	中国电建赞比亚分公司携手赞比亚大学孔子学院和中国援赞医疗队,每年六一到当地的卢萨卡孤儿院举行"庆六一,情暖孤儿院"主题活动,教习当地孤儿日常汉语、儿歌,介绍中国文化,组织学生前往卡里巴大坝游览,给孤儿院儿童义诊、讲解日常保健知识,并给当地孤儿送上书包、笔记本、皮鞋等礼物,与他们共庆儿童节
社区建设和援助	2012 年 1 月	为改善 siavonga 镇上的交通状况,卡里巴项目部对 siavonga 地区的公路进行平整修复,为当地人的生活带来便利
	2012 年 4 月	为帮助 siavonga 当地政府完成办公楼建设,中国电建卡里巴项目部积极向当地政府援助砂石
	2012 年 9 月	由于梅丘地区出现饮用水短缺问题,中国电建卡里巴项目部紧急出动项目的水车向当地提供饮用水,解决当地吃水问题
救灾抢险	2012 年 1 月	中国电建卡里巴项目部积极协助 siavonga 地区政府处理车祸,缓解交通堵塞
	2012 年 11 月	伊泰兹地区遇到 30 年一遇的暴雨,D769 公路多处被雨水冲毁,中国电建依泰兹项目部积极与当地政府联系,出动多个施工设备,对冲毁道路进行修复
	2013 年 9 月	中国电建卡里巴项目部组织设备及员工参与卡里巴学生游湖乘船淹没搜救工作

续表

领域	活动时间	活动内容
社区活动参与和支持	2012 年 6 月	中国电建伊泰兹项目部向伊泰兹地区中心体育委员会募捐 150 万当地币,帮助其举行运动会
	2013 年 5 月	中国电建称重站项目部积极参与卡皮里议会组织的五一劳动节活动
艾滋病预防教育	2013 年 8 月 6 日	中国电建称重站项目部在卡皮里多次邀请当地医生来工地给当地职工讲解艾滋病防范知识
	2014 年	为了加强当地劳务对艾滋病的认识,增强对艾滋病传播等知识的学习,中国电建 KC45 公路项目部在基特韦地区多次邀请当地卫生医疗部门官员对劳务进行预防艾滋病教育与艾滋病知识讲座

资料来源:中国电建提供的材料整理。

案例 4　援建希亚丰加高级中学,改善当地教学条件①

希亚丰加高级中学位于赞比亚南方省希亚丰加地区,距中国电建集团卡里巴北岸电站扩建项目 9 公里。希亚丰加高级中学成立于1995 年,建立之初,学校仅仅有一个教室,一个教师办公室,学生们没有宿舍,只能早晚往返校园和家里。2009 年赞比亚国营电力公司 ZESCO 捐资扩建学校,中国电建集团承建该工程,工程内容包括教室、教师住房、学生宿舍、图书馆、多媒体室、会议中心、食堂、加工车间、实验室在内的 50 套建筑群,并对现有校舍进行修缮。公司将这一工程作为社会公益工程,以成本价对其当地高级中学进行扩建,并在项目移交仪式上,向学校捐赠 92 台电脑及桌椅,价值 80 余万元。扩建后的学校有 12 间教室,每个年级 4 个班级,共有 1350 名学生,现在学生们可以住在学校宽敞洁净的宿舍了。

中国电建在工程建设期间受到了赞比亚教育部部长和所在省南方

---

① 中国电建官网,调研团采访记录。

省省长的关心与关注，工程质量以及公司在工程建设期间的负责任行为受到了业主的一致好评。2013年12月4日赞比亚总统迈克尔·萨塔曾经参观此学校并为学校揭牌，对中国电建的贡献给予高度评价。希亚丰加高级中学的投入使用，对于赞比亚政府实现全民教育计划（EFA）和千年发展目标（MDGS）具有积极的推动作用。

> 我们这里的天气非常热，但是中国电建在扩建学校的时候，对我们的屋顶进行了很好的处理和设计，现在我们的教室里非常凉快，非常感谢中国电建建设了这么好的校舍，中国电建NO.1！
>
> ——希亚丰加高级中学校长

> 我在学校刚刚成立的时候就来这里教学，已经二十多年了。开始的时候我们学校一共只有6座建筑，中国电建的到来确实给学校带来了很大的改变，不仅仅是建设了更多的校舍和建筑，中国电建也向学校捐赠很多的硬件设施。我们的学校还在扩展，还会有更多的学生加入，希望未来中国电建还能够为我们建设更多的校舍。
>
> ——希亚丰加高级中学英语老师 Modemonidniya

作为一个国际化运营的中央企业，中国电建深知，仅仅追求眼前的经济利益将不可能赢得市场、树立品牌、获得可持续的发展空间。公司必须融入当地社会，必须从单纯的承包商向投资、服务和创造社会效益的方向发展，只有这样才能够实现双赢。在今后的发展中，立足于民众，造福当地社会，在力所能及的工程和物质资源方面发挥公司的长处，将始终是中国电建一项重要的发展战略。

B.3
中国电建集团
——千岛之国 魅力印尼，责行天下 爱传万里

摘　要：　中国电建紧紧依托国家"一带一路""互联互通"等重大战略，积极融入全球经济一体化，充分发挥国际化经营特色和全产业链优势，精耕细作印尼业务，在良好履约的同时，积极践行社会责任，为印尼当地经济、社会、环境的可持续发展写下了浓墨重彩的一笔。

关键词：　精品工程　HSE 管理　本地化　公益慈善　"一带一路"

　　2013 年 10 月，国家主席习近平在出访印尼时，提出了进一步发扬"万隆精神"，推动亚非拉发展中国家联合起来，互惠互利，共同发展，共同建设新丝绸之路经济带、21 世纪海上丝绸之路。"一带一路"和印尼的"建设海洋强国战略"目标契合，中国电建把握发展契机，紧紧依托国家"一带一路""互联互通"等重大战略，积极融入全球经济一体化，充分发挥国际化经营特色和全产业链优势，成立国际业务改革领导小组，按照"高端切入、规划先行、建设一流"的理念，重构海外区域市场，优化产业大布局，力求在更高层次上参与全球产业合作和国际竞争，快速融入世界经济发展的"共振圈"，寻求更广阔成长空间。

　　中国电建自 1995 年进入印尼市场，目前已在印尼深耕业务 21

年，完成 14 个项目，合同额达 4.1 亿美元；23 个项目在建，合同额达 32 亿美元。

中国电建坚持"事耀民生，业润社会"的可持续发展理念，将"实施和谐发展，履行社会责任"作为战略举措之一，保障工程质量，打造精品工程，积极履行社会责任，助力当地经济发展，树立全球企业公民典范。

一 保障工程质量，打造精品工程

佳蒂格德项目是印尼目前在建的最大水利工程、已建的第二大水库，总库容 10.63 亿立方米。2013 年 10 月，国家主席习近平访问印尼时在印尼国会发表讲话，高度评价了佳蒂格德大坝项目，"佳蒂格德大坝灌溉面积达 9 万公顷，将给当地民众生产生活带来极大便利"。水库除了可建成 1110 兆瓦的水电站外，还可通过发展旅游业，增加当地居民的就业机会，实现经济效益和生活水平的双重提升。项目为当地 2000 多人创造就业机会，相当于附近十多个村庄一半以上的人口，二期项目将全面带动更大的劳动力需求，使更多的人从中受益。

在项目建设过程中，项目部攻坚克难，保障大坝品质，反复试验寻找最适合当地沙土性能的施工方法，因地制宜地打造出适合印尼当地的精品工程项目。即使在雨季，项目部仍然克服困难，坚持开工，最终提前两个月完成工程量，成功向业主交付，得到了业主的认可和好评。

印尼电力缺口巨大，电站等基础设施建设对经济发展具有重要意义。在火电领域，中国电建广泛参与印尼电力等基础设施建设，大大缓解了印尼缺电现象，为该国经济发展提供了强大动力支持。

亚齐燃煤电厂项目，是中国电建在印尼承建的第一个 EPC 火电项目，也是印尼为改变缺电现状实施装机 1000 万千瓦的重点项目。项目

图1　大坝开闸放水，利于下游农田灌溉

部与业主、设计保持良好的沟通，根据建设实际调整工期，不断进行码头防波堤水工模型试验，修正设计参数；和当地承包商共同担责，保障码头施工进度。2012 年 12 月 13 日，亚齐电厂首台燃煤机组一次性点火成功。2013 年 11 月 10 日凌晨，首台燃煤机组并网发电，投入商业运行。2014 年 8 月 17 日，亚齐电厂第二台机组顺利发电移交业主。至此两台机组同时发电，向印尼北苏门答腊电网输送强大电力。

图2　环境优美的电厂

这项工程大大提升了 PLN（印尼国家电力公司）的发电能力，推动了地方经济收入的增长，非常有利于地方经济和社会的发展。

——印尼 PLN 现场发电部门经理 Andi

亚齐项目自 2014 年 4 月正式交付至今，已经累计为苏门答腊岛的电网输送电力 3 万亿度，约占苏门答腊岛发电总量的 10%，大大缓解了当地用电紧张局势，为当地经济发展做出了重要贡献。

——中国电建亚齐火电项目部副经理兼总经师杨海林

二 持续开展 HSE 管理，呵护绿色生态

中国电建一贯坚持"绿色、科学"的发展理念和"服务全球能源和基础设施建设，引领行业绿色发展"的使命，注重绿色环保，尽可能减少对环境的影响。

咨询公司每 6 个月做一次环境污染评估报告，评估大坝项目对当地社会产生不必要的不利因素。中国水电是很遵守合同规范的，比如说在货车经过时会有一些粉尘，中国水电会洒水以免扬尘，所有一切事情都按照合同来执行。

——佳蒂格德大坝项目业主 公共工程部 Ir. Tulus Hery Basuki

以亚齐燃煤电站为例，燃煤电站的建设与运营属于高能耗、高排放、高污染的"三高"项目，印尼政府对环保的要求又十分苛刻。为了印尼的可持续发展，中国电建严格遵守印尼有关环保的法律政策，通过科学规划和设计，采购绿色环保设备和器材，尽可能减少施工建设过程中的排放，努力实现清洁生产；此外，中国电建还非常关注燃

煤电站项目对当地生态环境的长远影响，通过设计建设海水淡化系统、工业废水处理系统以及废气排放过滤系统等节能减排新技术，极大地降低了电站对当地环境的负面影响，促进了当地的可持续发展。截至2016年，亚齐燃煤电站项目尚未发生一起重大环境污染事故。

图3 电场锅炉电除尘系统装置

图4 海水淡化处理罐

图5 化水区污水处理站

三 大力实施本地化，促进技术交流

（一）培养当地人才

中国电建积极实施海外业务本地化运营，雇用当地员工并充分保障员工基本权益。在施工项目部开展分工种、分批次的专业培训并组织技能比赛，提高当地雇员综合素质，培养了大批机电维修、工程运营领域的专业人才；进一步规范对本地员工的管理，将本土优秀人才输送到其他项目部，实现在区域内共享本土人才成果的目标。

带班会给我们时间去学习，比如三个月时间，从一般的机械修理工慢慢学起，积累了技能和经验之后再去维修造成重大故障的重型设备，带班会评估我们之前所学到的技能和经验，再进一步改进。

——佳蒂格德大坝项目维修工 Suhenda

如果发生一些错误，一些需要改进的地方，我的师傅也会批评我，但是会给出建设性的建议，帮我越做越好。

——佳蒂格德大坝项目测量工 Asep Tatang Rukmana

从建设以及劳动力的角度来讲，每一个项目都会从当地的一个居民区、一个村子招收大量的员工，他们都将受雇，减少了失业率。

——米拉务税务局局长

图6　水电国际印尼代表处印尼员工合影

（二）加强交流融合

中国电建印尼各项目部为提高员工对当地生活的适应制定了中英文对照的《印尼工作生活指南》。在推动工程建设的同时，致力于基础设施的完善，保障了施工环境的安全，并为员工生活提供了更加舒适的环境。为尊重当地饮食文化，研究具有印尼特色的饮食搭配。各项目部通过举行节日庆祝活动，加深了与业主、分包商和外籍员工的交流和沟通。

各项目还经常举办足球、羽毛球、卡拉 OK 等文体活动，开展"送清凉"、节日聚餐、包水饺活动等方式，尽可能地丰富职工的业余文化生活。特别是实行了《探亲假休假制度》，海外员工每年分三次休息，报销全部往返路费。对待外籍员工也一视同仁，重大节日期间，积极安排外籍员工休假，对加班工作的外籍员工安排补休。

四 参与灾难救援，援建安居工程

2004 年 2 月 24 日，印尼遭遇了 8.7 级地震，是近 40 年来破坏力最强的一次。地震把苏门答腊岛沿海城镇、乡村以及旅游胜地夷为平地，致 23 万人遇难，50 万人无家可归。中国电建深入印尼当地广泛开展灾后重建工作，帮助印尼人民重建家园。其中，中国·印尼友谊村是由中华慈善总会和中国红十字会募资，中国电建承建的，占地 22.9 公顷，共有 606 套标准砖混结构住房。友谊村各项基础设施齐全，是建设规模最大的援建项目。从 2006 年 5 月破土动工到 2007 年 7 月圆满竣工并交付使用，整个工程历时 14 个月。友谊村是印尼大海啸后中国无偿援建印尼的结晶和两国友谊的见证。

中国援建的印中友谊村，不论其规划设计，工程品质等都很好。感谢中华慈善总会和中国红十字总会的帮助，特别是中国水电建设集团公司诸位员工，不辞辛劳，远离家乡，来到亚齐帮助我们重建家园。

——印尼亚齐省大亚齐县县长布卡利

整个友谊村既是中国民间海啸援建项目中规模最大、资金投入最多的项目，也是在亚齐众多援建工程中出类拔萃的项目。友谊村地处小山坡，坐山面海，景色迷人，村内设施完备，包括 TYPE42 型标准砖混结构住房 606 套，配有学校、托儿所、诊疗所、运动场、商场、清真寺、小公园、人造湖等设施，还有两个大型地下水井。村内铺设了由中国技术人员亲自施工的高品质水泥路，四通八达，出行极其方便。

中国电建在施工建设中全部采用钢筋混凝土结构，最大限度地提升房屋在安全、抗震、隔热方面的质量标准。

中国·印尼友谊村不仅建筑质量过硬，而且是一项环保绿色的工程。例如在生活污水处理方面，为避免出现污水四溢，拓宽了化粪池的面积，通过装配过滤池，使雨水和污水使用独立的两套排水系统，干净卫生；工程全部采用水泥砖，节约了当地的土地资源；房屋使用的油漆全部符合国际环保标准，绿色安全。

因此，印尼亚齐－尼亚斯重建委员会特别授予中国电建中国·印尼友谊村项目"亚齐重建特别贡献奖"，并被当地媒体誉为"花园式的住宅区"。

图 7　友谊村内的清真寺

图8 建设一新的友谊村

图9 友谊村内居民

在大亚齐县还有许多国家的援建住宅项目,有些援建项目的住房是板房,到今天,有的漏水、有的坍塌,很多人怨声载道。只有中国援建项目从未遇到此类问题,全部住房都是钢筋混凝土结构,坚固耐用,建设友谊村时,中国就像建造自己的居所一样用心。

——中国·印尼友谊村村长东谷·苏卡尔迪·阿尔迪

中国建造的援助房屋是我关注的各国家援建项目里最好看的。

————印尼家庭关怀组织工作者托马斯

我们感到身心愉悦，尤其是我的孩子们。我很欣慰我们能够得到这所房子。如果没有这所房子，可能我到现在还无家可归。所以，我很荣幸我能够得到这所房子，不再无家可归，并享受生活。

————中国·印尼友谊村居民

中国电建将以国家政治、外交和能源战略为本，充分履行央企的责任，抢占创新和发展的制高点，以更加奋发有为的精神参与国际行业竞争和全球资源配置与分工合作，更好地服务国家"一带一路"战略，做中资企业海外发展的履责典范。

B.4

中国水电十局

——南欧江上的璀璨明珠

摘　要：　南欧江梯级水电项目是中国电建在海外推进全产业链
　　　　　一体化战略实施的首个投资项目，也是唯一在老挝获
　　　　　得全流域整体规划和投资开发的水电项目的中资企业，
　　　　　按"一库七级"分两期开发，总装机容量达 127.2 万
　　　　　千瓦，总投资约 28 亿美元，特许经营期 29 年。深耕
　　　　　老挝电力市场近二十年的中国水利水电第十工程局①在
　　　　　一期项目投标中获得 2、5 级和二期 3、4 级的开发权。
　　　　　2012 年 12 月，一期电站开工建设，2016 年上半年，
　　　　　一期电站全部建成投产发电，二期电站主体工程正在
　　　　　推进。南欧江梯级水电项目秉承"科学开发、绿色发
　　　　　展、坚持实施属地化发展战略，融入当地，扎根老挝"
　　　　　理念，在实施过程中，积极履行企业社会责任，坚持
　　　　　精工良建、实施安全生产，重视生态环保，助力改善
　　　　　民生，造福当地。该项目的建设，加强了老挝北部地
　　　　　区电网升级和输送互联，产生巨大的经济效益和社会

---

① 中国水利水电第十工程局（以下简称"水电十局"），为世界 500 强企业中国电建集团旗下
的全资子公司，是一家以水利水电、大型基础设施、矿业开采、市政工程施工、机电安装
与维修、金属结构制造与加工为主业，集设计、投资、房地产等多领域业务于一体的大型
综合建筑施工企业。公司从 20 世纪 90 年代初走出国门，历经二十余载的艰苦创业，海外
市场不断拓展，先后在 16 个国家承建 33 座工程，形成了东南亚、中东、北非、南美、南
太平洋等五个区域性市场，并在 TBM 掘进施工、矿业开采、高端 HSE 管理、地下深洞室
施工、土石方开挖与填筑等方面有着特色优势。

效益。

关键词： 南欧江梯级水电项目　互联互通　社会责任

中国电建依托国家"一带一路""互联互通"等重大战略，积极融入全球经济一体化，充分发挥国际化经营特色和全产业链优势，构建较为完整的国际营销体系。截至2015年末，公司在世界90个国家和地区设有160个驻外机构，执行1863项合同，形成了全球化的市场大格局。全年境外纳税总额达19.41亿元人民币。

水电十局作为中国电建较早走出国门的企业，历经二十余载的艰苦创业，海外市场不断拓展，先后在16个国家承建33三座工程，逐步形成了东南亚、中东、北非、南美、南太平洋等五个区域性市场，并在TBM掘进施工、矿业开采、高端HSE管理、地下深洞室施工、土石方开挖与填筑等方面有着特色优势。水电十局早在1996年就进驻老挝承建了第一座水电项目——老挝南累克水电站，之后又承建了老挝115千伏输变电线路项目、色赛2水电站、南梦3水电站、欣本－郎布拉邦230kV线路工程、南俄5电站、南欧江五级水电站进场公路、南芒1水电站进场公路、南椰Ⅱ水电站、南坎2水电站、南俄5水电站、南湃水电站、南康3水电站等众多水电站及配套工程项目。特别是南欧江梯级水电项目，水电十局承建了一期2、5级和二期3、4级水电站工程项目，2016年5月，南欧江梯级水电占工程项目一期三个水电项目高效实现了全部机组发电，该项目是中国电建在海外实施全产业链一体化战略的首个投资项目，也是唯一的中资企业在老挝获得全流域整体规划和投资开发的水电项目，被誉为镶嵌在美丽的南欧江上的璀璨明珠。

南欧江梯级水电站位于老挝丰沙里省境内，是老挝北部地区实现预期经济发展、老挝国家基础建设及百姓扶贫的重点项目，该项目投资开发坚持以老挝经济社会发展和人民需求为导向，致力于把老挝打造成"东南亚蓄电池"，水电十局实行本土化经营战略，将中资企业成熟的理念、技术、设备等优势与老挝人民共同分享。

公司规划建设的南欧江"一库七级"水电站总装机容量达 1282 兆瓦，多年平均发电量约 52 亿度。根据规划，该项目 7 个梯级电站建成后，电力容量装机占到目前老挝电力总装机的 39%，有效地促进老挝三个区域电网的升级和输送的互联，形成统一的全国电网，有效缓解老挝南欧江流域电力供应不足的局面，也为老挝提供了稳定优质的清洁能源。根据规划，公司将建设与电站相配套的较高等级的公路，这将使区域交通更加便利，推动物流业和旅游业的发展，促进当地经济社会的发展。

一　缔造精品工程

公司秉承"建设一个工程，造福一方百姓，留下一座丰碑"的理念，从精细化管理入手，以"精、准、细、严"为标准，做好事前预防，实现科学化和规范化管理，全方位保障水电站工程质量。具体措施，一是重点抓好防洪度汛，控制好工程节点目标，保证人员、设备的安全；二是进一步加强工程质量管控，树立质量是企业生命线的责任意识；三是以精细化管理做好经营管理工作，实现项目利益最大化；精心组织和安排，严格按照进度计划目标组织施工，并制定严密的技术、质量、安全保证措施，通过项目部全体员工的共同努力，顺利完成每一关键的阶段性任务。

此外，南欧江水电站项目摸索出一套集投融资、设计、监理、施工、运营等于一体的开发模式。"产业链一体化"为项目建设"精品工程"带来了强有力的保障。在项目建设过程中，设计、监理、施工、制造各方以业主为核心，高效整合资源，降低交易成本和产业链内耗。同时，各方通过优化设计和施工方案，发挥各参建单位的优势，缩短项目周期，科学合理配置投资，提高工程效率，实现提前发电的目标。

二 开展 HSE 管理

HSE 是健康（Health）、安全（Safety）和环境（Environment）三位一体的管理体系。公司坚持国际项目 HSE 管理理念，高度重视工程施工质量，严格控制施工进度、项目风险和成本，确保按照计划工期把南欧江水电站项目建设成为优质工程。2014 年 10 月，公司开展海外业务 HSE 管理专题培训，有效提升公司海外项目的 HSE 管理水平和 HSE 管理人员的专业技能，减少各类事故和事件的发生。

2014 年 12 月，公司成立"中国水利水电第十工程局有限公司安全环保管理部"，主要任务是负责安全生产、环境保护、节能减排和职业健康管理，同时在水电站项目部成立了"环保水保管理委员会"制定了《南欧江水电站环保水保管理委员会章程》，邀请政府参与监督，扎实推进生态环保工作。在项目建设过程中，公司完善安全生产、职业健康、安全应急管理、环保、节能减排工作规划和规章制度；开展安全生产督查、考核，对安全事故调查处理；负责公司领导、安全管理人员、项目经理等有关人员的安全培训、监督，指导二级单位的安全培训工作等。

公司特别重视对各种突发事件的应对能力，为此公司每年都会组织突发事件应急处理演练，如通信中断应急演练、消防演练、防洪演练等应急演练活动，定期开展"安全生产月活动"，举办安全规范知识考试、安全知识竞赛，对机器设备开展年终安全大检查等，这些活动的开展有效地确保了电站运行的稳定可靠。2016 年 5 月和 6 月，公司在南欧江2、5级水电站运维部先后开展了防洪度汛应急演练，演练通过模拟真实场景，进一步增强员工防汛意识和处置突发事件快速反应能力，确保在洪水来临时各水电站运维部能快速、高效、有序地保护员工生命和电站财产安全。

公司秉承"科学开发、绿色发展"的宗旨，合理开发南欧江水能资源，通过全周期的环保管理和移民生计布局，在基础设施建设、移民安置等方面做了大量工作。同时对调节流域内季节性旱涝，保证下游农田水利灌溉，减少水土流失，维护生态平衡发挥了积极的作用。这些举措使当地生态得到了最大限度的保护，为推动老挝经济社会发展和提高人民的生活幸福感奠定了基础。

三　实施人才"本土化"战略

公司积极实施海外业务本地化运营，在为当地雇员提供就业岗位的同时，开展分工种、分批次的专业培训并组织技能比赛，提高当地雇员的整体素质，同时为当地员工提供专业的技能和管理培训，提高其技能和管理能力。一批批优秀的老挝籍员工奋斗在不同的工作岗位上，贡献自己的一份力量。公司还为其提供高标准的食堂和住所，与中方员工一起工作学习，加深不同文化之间的融洽关系。

四　回馈当地社会

"建一座电站，交一群朋友，造福一方百姓，树立一座丰碑"始终是水电十局秉持的开发理念，公司积极参与所在国公益事业，支持当地公共服务设施建设。南欧江水电站工程项目涉及当地移民搬迁安置的艰巨任务，公司制定了属地化移民合作和本地化模式，即通过招标、竞争性谈判等方式将中小型移民安置工程交给当地承包商建设，既减少了繁杂的程序，又为工程赢取了更多的时间，也为当地提供了更多的就业机会。南欧江一期项目自筹建以来，为当地修建公路、大桥等公共基础设施，改善当地人民的居住条件和环境，提供就业机会，改善南欧江交通运输条件，积极赞助参与当地活动，深入落实"属地化、本土化"项目和社会责任项目，取得了良好的社会效益和赢得了企业在当地的良好口碑。

当地一户移民在搬入新居时激动地说道，"感谢中国电建，让我们终于告别了多年的湿热泥巴房、茅草房，住进了宽敞明亮的砖木房"。

随着东盟一体化进程的推进及中国政府提出的"一带一路"和互联互通，老挝政府开始从"陆锁国"向"陆联国"战略转变，老挝经济发展步入一个新的时期。放眼未来，水电十局在老挝的发展前景将更加广阔，公司的国际化强局建设必将在老挝迎来一个新的发展时期。

B.5

中国南方电网

——万家灯火，中老情深

摘　要：　中国南方电网公司在"一带一路"的倡议下，积极推
进海外业务，与老挝开展电力合作项目——老挝230
千伏北部电网项目和南塔河1号水电站项目。南方电
网在打造精品工程建设的前提下，秉持"万家灯火中
老情深"的责任口号，促进当地电力发展，带动当地
经济繁荣，积极融入当地社区，加强中老两国文化交
流，获得了相关方的一致赞扬和好评，树立了南方电
网海外的责任形象。

关键词：　老挝北部电网　南塔河水电站　海外社会责任

近年来，东南亚国家经济快速增长，电力需求高涨，但由于电力
基础设施欠发达，电力供给缺口较大。国际能源署相关研究表明，东
南亚地区有超过1/5的人口现在仍缺乏电力供应，到2035年东南亚
国家的能源需求将增长80%以上，相当于当前日本的能源消费总量。
东南亚水电资源丰富，但资金短缺和开发水平落后成为东南亚水电开
发落后的两个主要障碍。与东南亚国家相比，我国电力企业具有资金
的比较优势、先进的开发水平和丰富的经验。中国南方电网公司
（简称"南方电网"）自成立之初就秉持着"立足主业、立足周边"
的理念，发挥独特地缘、区位优势，与大湄公河次区域的越南、老

挝、缅甸、泰国等国家开展电力合作，优化区域内资源配置，深入推进与周边国家的电力合作交流，实现共同发展。

深处东南亚内陆的老挝则是南方电网开展电力合作的重要战略伙伴之一。老挝拥有茂密的原始森林、丰富的水能资源。据亚行估算，流经老挝的湄公河蕴藏电力约为1.8万兆瓦，但目前利用率还不到4%；老挝的输电线路网络还未实现全国覆盖，目前老挝还有100多个偏远山区的家庭没有用上电，极大地限制了当地的经济发展，也制约了人民的生活水平。南方电网凭借在长远距离超高压送变电基础、水电站建设技术等方面在全球具有的领先地位优势，与老挝相继开展电力合作项目——230千伏老挝北部电网项目、老挝南塔河1号水电站项目。随着两个标志性项目相继开展，双方的合作关系得到不断深化，也进一步扩大了南方电网在老挝互联互通的电力足迹。

一　老挝北部230千伏电网项目

老挝北部电网EPC项目源于2010年6月16日，在时任中国国家副主席习近平和老挝国家副主席本扬·沃拉吉的共同见证下，南方电网与老挝计划投资部签署了老挝电网建设谅解备忘录（MOU），南方电网指定由云南国际公司负责具体实施。该项目是老挝国家能源战略的关键项目，也是公司推进"一带一路"建设，融入云南省建设，面向南亚、东南亚辐射中心的重点项目。项目南起230千伏琅勃拉邦2变，北至230千伏那磨变，横跨老挝北部琅南塔、丰沙里、乌多姆赛、琅勃拉邦4省，项目建设范围为4变4线，合同金额3.02亿美元。

南方电网云南国际公司时刻坚持"树立一个品牌、锻炼一支队伍、开拓一片市场"的目标，以"南网标准"打造精品工程质量，以专业运维培训促进当地技术转移，以带动产能输出推动企业抱团出海，并主动承担社会责任，积极融入当地社区发展，树立南方电网负责任的海外央企形象。

（一）打造精品工程质量，推进技术转移

云南国际公司始终将"创境外南网精品工程、树境外电力质量标杆"作为打造高品质工程的目标，全力开展各项工程质量把控，不断完善工程管理规范，以高品质的工程建设、零事故的安全生产，多次受到业主老挝国家电力公司（简称 EDL）的赞扬。同时，公司还注重先进的技术和产能输出，为老挝后期运维生产奠定良好基础，彰显了中资企业"负责任、守信誉"的形象。

一是以沿用"南网标准"，打造精品工程质量。在项目实施过程中，为了保障统一性高、标准高的工程质量，并赶在计划内进入项目投产，项目部在参照国际通行标准和老挝 EDL 特殊要求的基础上，确立了一律采用南网标准进行施工，并编制了 5S 管理策划，将 5S 管理覆盖到各个施工现场、办公场所、生活驻点。在工程管理方面，沿用了南方电网严密的工作流程，从项目伊始每基基础停工待检，每基铁塔登塔检查，保证了工程的质量标准。

二是以定制运维手册，促进优秀技术转移。由于老挝的电力系统还不完善，后期的维护保养守则也相对缺乏，云南国际公司专门组织相关专家为老挝变电站的后期运维定制操作手册，同时编制完成的还有北部电网项目和高抗项目的定制计算招标文件及技术规范书、培训计划。除此之外，公司在了解培训的需求后，以手册为基础，开展了为期 10 天的针对性培训，并挑选最优秀的专业教师和供电局的技能专家为培训班授课，共有 30 名来自老挝国家电力公司的学员参加培训，并获得了广泛的好评。

（二）积极履行社会责任，树立央企的良好形象

在推进老挝北部电网 EPC 项目建设过程中，公司始终秉承诚信、合作、共赢的理念，坚持诚信履约，追求优良品质，积极为当地民众创造福祉，受到老挝各界的赞誉。

一是解决当地民生问题，树立跨国企业责任形象。公司承建的老挝北部 230 千伏电网工程得到了 300 多公里沿线老挝地方政府和人民的大力支持。为深化合作，彰显公司履行社会责任的精神风貌，公司倡议员工捐款资助老挝北部山区儿童，项目现场施工、监理、设计单位的员工也踊跃捐款。公司积极参与爱心捐赠、道路维护、学校建设等公益活动，赢得了当地社会的赞扬，单位员工也与当地民众融为一体，成为项目当地群众的好邻居、好伙伴。

二是推进当地教育事业，投资捐建南网希望小学。2016 年 3 月 11 日，由公司投资捐建的老挝那磨县 CSG 小学正式无偿移交乌多姆塞省教育与体育厅使用。该小学建设规模为：教室 9 间、足球场 1 个，以及学生座椅、教师讲桌等其他配套设施，项目于 2015 年 11 月 7 日开工，2016 年 2 月 7 日竣工。乌多姆塞省教育与体育厅、那磨县政府、老挝国家电力公司盛赞南方电网以实实在在的行动，真正做到通过项目建设惠及当地、造福民众，切实体现了"万家灯火、中老情深"的项目精神，彰显了良好的社会责任感。乌多姆塞省教育与体育厅、那磨县政府分别给该公司颁发了荣誉证书，表示衷心的感谢。

三是尊重当地文化风俗，促进跨文化管理融合。公司坚持打造以人为本、和谐共赢的企业文化，充分尊重项目当地的宗教信仰、风俗习惯，注重全方位展示负责任跨国投资者的品牌形象，在项目现场实施"统一管理、统一进出、统一形象"。中老员工共同庆祝当地节日，开展足球比赛等问题活动，有效促进了文化交流融合。

（三）深化人文交流，促进"人联通""心联通"

公司高度重视与老挝开展人文合作交流，积极与利益相关方进行沟通，并以利益相关方座谈会的形式，倾听利益相关方意见，促进双方文化交流，帮助公司更好地履行社会责任。除此之外，公司还联合老挝政府开展留学生培养工作，在谅解备忘录的有效期内，每年向老挝提供 20 名学生的奖学金，用于培养电力和医学专业学士学位学生。2015 年 7 月，公司委托昆明理工大学培养的首批 7 名电力专业留学生顺利毕业，5 名回国投身电力行业，2 名以现场技术翻译身份，参与公司 230 千伏老挝北部电网项目培训工作。

公司在实施老挝北部电网 EPC 项目过程中，与 EDL 进行了有效沟通、充分协商、积极交流，在建设标准、管理模式等方面均达成了高度一致，公司的建设管理水平、工程质量得到了老挝总理、副总理、能矿部部长、国家电力公司的一致好评，获得了省领导的高度肯定，受到了中央电视台、中新社、新华社、《人民日报》、云南电视台等主流媒体的广泛关注，《新闻联播》《数说命运共同体：奔跑吧，能量!》《共同关注》《云南新闻联播》等栏目多次报道，提高了南方电网在老挝及"一带一路"沿线国家的品牌知名度和美誉度。

二 老挝南塔河1号水电站项目

南塔河 1 号水电站项目是老挝电力电网发展重点项目之一，由中国南方电网公司全资子公司南方电网国际有限责任公司（简称"南网国际公司"）与老挝国家电力公司依据老挝法律合资成立的能源开发公司——老挝南塔河 1 号电力有限公司开发，是南方电网在老挝境内第一个以 BOT 方式投资建设的电源项目，建设地点位于老挝博胶省帕乌多县帕山村内，湄公河的一级支流南塔河上。南塔河 1 号水电站工程是一座以发电为主、兼有防洪、灌溉等综合利用效益的水利枢纽，水电站装机为 3×56 兆瓦，总装机容量为 168 兆瓦，最大坝高 93.65 米，项目属Ⅰ等工程。电站年平均发电量 7.5942 亿千瓦时，装机年利用时间 4520 小时，水量利用率为 89.24%。

南网国际公司在项目建设过程中，完善内部管理体系，严格制定并落实各项管理制度，在保障工程质量、安全生产的同时，努力改善当地居民生活水平，为带动当地经济社会发展提供有力支撑。

（一）综合统筹项目管理，严格完善内部建设

南网国际公司通过在守法合规、内控管理、工程质量把控、安全生产等方面建立严格的内部管理体系，有效落实制度的实施与反馈，保障了项目的扎实推进，促进了团队的高效运转。

一是遵守东道国法律法规，奠定坚实的法律基础。南网国际公司在项目建设前期，积极与老挝政府、老挝国家电力公司进行沟通，严格遵守东道国法律程序，先后与老挝相关政府部门、老挝国家电力公司签订一系列项目建设配套文件，为项目的建设和后续运营奠定了坚实的法律基础。

二是推进团队党风廉政建设，完善内控管理体系。项目公司驻外党员在项目实施过程中，主动成立党支部，按照上级党组织要求，积极组织日常学习活动，召开党课主题座谈会，扎实有效地推进党风廉政建设和反腐败工作。在内控管理上，项目公司与员工签订保密承诺书，和部门负责人签订廉洁承诺书，并成立公司监督小组，建立和完善内控管理体系。

三是落实工程管理制度，强化质量监督管理。公司积极执行和完善境外公司管理规定，通过对标分析、专题调研和学习研究，强化公司境外项目质量监督管理和 WHS 质量控制方案，并明确人员监督职责，保障工程质量管理和质量监督把控的有效推进。

四是全面推进安全管理机制，为员工提供安全生产保障。公司着重对安健环风险管控机制和应急管理体系进行了补充和完善，加强安健环管理制度，定期召开安全管理会议，严格例行各项安全检查，对违规行为进行处罚和教育。在保障员工安全生产方面，项目公司针对老挝特殊的自然条件，在施工现场常备专用药品，并制定车辆管理制度，严防工地驾驶员酒后驾车，为保障施工现场员工的安全。

（二）积极融入当地发展，带动当地经济繁荣

南塔河项目的成功开发，极大地改善了当地居民的生活水平，带动当地的经济发展。同时，项目公司在项目建设中，积极融入当地社区，与当地居民亲如一家，切实体现了"万家灯火中老情深"的责任口号。

南塔河 1 号水电站的建设，结束了老挝北部两省区无大中型电站的历史，成为老挝电力发展的一个重要的里程碑。同时，水电站的建设，使当地百姓通了电，很大程度上提升了当地居民的生活质量。此外项目公司在开展项目建设过程中，积极融入当地，惠及民生。南塔河 1 号水电站项目移民安置工程涉及博胶省帕乌多县 10 个村 566 户，琅南塔省那烈县 27 个村 1143 户，移民总人数 10523 人，其中直接受淹人口 8207 人，移民总人数占老挝总人口比重超过 1‰，是老挝水电项目中规模最大的移民工程，社会影响面极广、难度极大。其中，哈莫是南塔河 1 号水电站最大的移民安置点，安置移民达 566 户共3000 人。在这里将安置来自帕乌多县 10 个村 566 户库区移民。这些老挝山区的人民大部分生活在贫困线以下，所在的原村落大多水电路均不通，而移民安置点将给山区人民提供新建的房屋和配套完善的设施，不仅将通水、通电、通路，还会在新的社区中修建学校、卫生所和寺庙等设施。搬家只是第一步，让村民们生活得更好才是最终目标。南塔河 1 号水电站建成后，项目部将继续帮助库区移民在新村恢

复生计，提高生活水平。这项工作将持续 10 年之久。

南塔河项目的成功建设，获得了老方的一致好评，包括老挝国家副总理宋沙瓦·凌沙瓦、能源矿产部副部长坎玛尼·尹缇拉和博胶省省长堪潘·培亚翁，老方多次在公开场合表示，项目的实施促进了当地经济社会的发展，极大改善了革命老区人民的生活水平。

未来，南方电网还将会持续开展与老挝的电力合作，同时用 3～5 年的时间与周边的国家实现电网的互联，在 15 年内，形成中国与东盟国家、孟中印缅电网的互联，达成用电网连接整个亚洲的宏伟愿景。

B.6
中国华电集团

——点亮巴厘岛 共筑海外梦

摘　要：　中国华电科工集团有限公司①海外分公司在印度尼西亚巴厘岛北部的一期3×142MW燃煤电厂项目于2012年成功启动，2015年6~8月三台机组相继投产，这是中国华电集团公司迄今最大的已投产海外投资项目，也是印尼在巴厘岛上规划的唯一一座燃煤电厂项目。巴厘岛项目以"景观、优质、绿色环保工程"为目标，通过一系列措施做到了闭环管理，安全、质量、进度管理控制体系运转正常，实现了集团"铸造样板工程，锤炼国际队伍，打造华电品牌，树立祖国形象"的要求，成为展现中国企业实力和人文素养的示范工程。

关键词：　印尼巴厘岛　燃煤电厂　精品工程　属地化管理

① 中国华电科工集团有限公司（以下简称"华电科工"）是中国华电集团公司所属企业，是中国华电集团公司工程技术产业板块重要的组成部分和发展平台。华电科工主要从事重工装备、环保水务、新能源及总承包、电力技术研究与服务四大板块业务，产品和服务涵盖电力、化工、港口、冶金、市政、新能源等领域。经过多年不断创新发展，华电科工已经发展成为以高新技术产品研发与制造、工程设计与总承包、能源技术研究与服务为核心业务，以安全、质量、顾客满意、经济效益为核心业绩的国有大型企业集团，业务遍及海内外。

近年来，我国企业在海外快速发展的同时，海外经营中的社会责任成为国内外关注的重要焦点。企业社会责任问题对我国企业海外发展和国家形象的影响日益增大。与此同时，海外国有中资企业在社会责任领域也日益受到国际、国内以及东道国多重因素的影响和制约。如何规避企业海外风险，实现政治、经济和社会效益的共赢，是中资企业海外发展面临的重大课题。

2013年，我国领导人出访中亚和东南亚期间，先后提出了共建"丝绸之路经济带"和"21世纪海上丝绸之路"的重大倡议，得到国际社会高度关注。2014年10月，有"印尼奥巴马"之称的印尼总统佐科在他的就职典礼上正式提出著名的"海洋强国"战略，这与我国的"海上丝绸之路"战略不谋而合。作为海上丝绸之路的重要沿线国，我国同印尼传统友谊深厚，求和平、谋发展、维护和平的国际环境和稳定的周边环境是两国人民的共同愿望。印尼海洋经济发展潜力很大，尤其在能源、电力等基础设施和产业园区建设需求旺盛，印尼政府欢迎中方企业赴印尼投资并提供良好投资环境，"一带一路"给我国企业走进印尼创造了难得的历史机遇。

中国华电积极参与国家"一带一路"建设，按照"两片一链"的国际化布局，在地域上选择东南亚、中东欧、独联体，并逐步向有发展潜力的国家和地区延伸；在产业上，发挥独特优势，以发电作为重点，适度地开拓燃料、电网、售电业务；同时，中国华电有效地发展LNG产业链，在"走出去"的方式上坚持海外投资、工程承包、技术服务、国际贸易四轮驱动，形成产业联盟"联合出海"。截至2015年底，公司控股海外在运装机92.2万千瓦，境外技术服务累计完成总装机容量3435.5万千瓦。

华电科工作为中国华电集团公司第一个"走出去"的企业，自2003年踏出国门开始，依托技术、制造和品牌优势，积极寻求国际合作，不断创新商业模式，上演着一个又一个的奇迹，在印尼相继完

成印度拉玛、拉法基、阿萨汉、巴淡等多个电厂项目的投资及总承包
建设，树立了华电科工良好的国际品牌形象，与印尼政府及相关方建
立了良好的合作关系。尤其是 2010 年 8 月 30 日，由中国华电集团公
司投资、华电科工总承包建设的印尼阿萨汉水电站项目竣工投产，得
到了中印两国政府及相关方的高度认可和关注，被誉为"中国企业
走出去的名片"。在此基础上，巴厘岛项目相关方开始与华电科工接
触，希望能够合作开展巴厘岛地区燃煤电厂的投资建设，解决长期困
扰巴厘岛地区的用电问题。

巴厘岛作为国际知名的旅游胜地，一直以来仅仅依靠现有的燃油
（气）电厂和来自爪哇岛的两条海底电缆进行供电，电力供应严重不
足；而新增用电申请经常被拒绝或限制，实际用电需求一直处于管控
状态，电力供应问题成为困扰巴厘岛发展的重要难题；同时，由于电
力生产成本高于销售电价，政府长期以财政预算形式补偿印尼国家电
力公司以低于成本的价格向消费者供电而造成的损失，财政补贴压力
巨大。巴厘岛燃煤电厂的建设迫在眉睫。

2007 年，印尼巴厘通用能源公司与印尼国家电力公司签订巴厘
岛项目购电协议，2008 年 3 月，与上海电建签订 EPC 合同及设计、
主机等合同，策划已久的巴厘岛项目正式启动。然而，金融危机突然
到来，项目建设戛然而止。在了解相关情况后，华电科工积极奔走，
加强与印尼政府、印尼国家电力公司及华电集团公司等相关方的沟通
协调，创造性地解决了外围受阻、资源匮乏等前期遗留问题。2011
年 11 月，项目获得国家发改委正式批准；2012 年，项目全面开工建
设。暂停四年之久的巴厘岛项目终于再次全面启动。

印尼巴厘岛一期 3 台 14.2 万千瓦燃煤电厂，位于印尼巴厘省北
部，由华电科工投资和总承包建设并控股运营 30 年。该项目既是巴
厘岛最大的电厂，也是华电集团投资建成的最大海外项目，投产后将
承担全岛 40% 以上的负荷。作为投资方和总承包方，华电科工以

"铸造样板工程，锤炼国际队伍，打造华电品牌，树立祖国形象"为建设目标，将更为科学与现代的理念融入企业发展。

一 以"走出去"战略为引领，创建精品工程

印尼巴厘岛 3×142MW 燃煤电厂是华电科工迄今最大的海外投资建设项目，其质量与安全是企业履责的根本体现，对中国华电在海外市场特别是印尼市场的声誉有着重要意义。因此，巴厘岛项目强策划，抓落实，切实开展精品工程建设。

（一）优化管控模式

结合海外工程建设经验和巴厘岛项目的实际情况，调整了国际工程采用的业主—总包商—分包商的传统模式，将国内大业主管理和EPC 管理相融合，设计出既符合中国华电业主管控要求又满足海外EPC 合同形式的管控模式，实现了由大股东主导工程建设工作，并对建设过程中出现的重大问题进行有力的协调，切实保障了项目建设的进展和投资方权益，有效地规避了投资风险。

（二）严控项目执行

克服以往中资电力企业在"走出去"过程中的一些通病，以狠抓过程控制、确保工程质量为突破口，根据中国华电标杆电厂经验和一系列"四个策划"文件，先后制订并印发了境外投资项目经济评价细则、对外承包工程管理、因公临时出国（境）团组公示和经费管理等规章制度，已经建立起了较完善的国际业务及外事管理的制度体系，初步形成了具有华电特色的境外电力投资风险评价体系。不断改进施工工艺和技术措施，加强现场精细化管理，确保工程符合各项规范标准，打造了一支"创新融合、学习奉献"的高效海外项目执行团队。

主厂房作为电厂的核心部分，其施工质量水平关系整个发电厂的经济效益。在基础施工中，若大体积混凝土浇筑工艺和措施不到位，极易出现侧面或混凝土表面温度收缩裂缝，对此，华电科工要求施工单位在大体积混凝土浇筑时，一次浇筑时间都应在 30 小时以上，且必须是连续浇筑。华电科工还制定了各项质量管控措施，对原材料进场验收、现场四级验收等工作严格把关，工程质量保证体系健全，质监活动正常有效运转，工程质量总体处于受控状态。编写了清水混凝土、锅炉焊口质量、电缆敷设工艺及小口径管道施工工艺等 32 项实施细则，精细化的管理成果得到完美的呈现——全厂混凝土结构角线分明，观感优良；锅炉受热面焊口一次合格率超 99.6%。

（三）强化安全施工

实现项目安全施工、文明施工，始终是华电科工开展项目建设的首要目标。工程建设伊始，公司就建立了安全文明施工管理制度，实施安全文明策划，优化配置安全管理机构和人员，搭建了完善的安全管控体系。针对参与施工的印尼当地劳务人员数量多、安全意识薄弱问题，组织开展了"学规范、用规范、明设计"等活动，对场内近1500 位工人进行安全教育培训，促使他们树立了良好的安全文明施工意识。同时，通过采用惩罚与奖励相结合、教育与实践互促进的方式，加强本地工人管理，使当地工人从最初的激烈反对，到逐渐适应，到最终服从管理，按要求执行安全规则和条例。

二　以"融进去"策略为目标，实行属地化管理

（一）保障当地员工权益

充分利用当地的劳动力资源，严格遵守印尼有关劳工和社会保障

等法律法规，保障当地员工的工资和福利，改善当地的收入结构，带动经济、社会共同发展。截至 2015 年 11 月，巴厘岛项目提供了约 3000 个就业机会，雇用当地员工比例高达 60%，缓解了当地就业压力。雇工平均收入在 200 美元／（人·月），且工资的年涨幅在 15% ~ 30%，高于当地的平均收入水平。定期对当地员工进行专业技能培训，为当地培养了一批工程建设专业型人才，为印尼未来自主开发相关产业奠定了重要的人才基础，同时也增强了当地员工对中国华电的认同感。

（二）尊重当地的宗教信仰

华电科工将宗教因素考虑到巴厘岛设计建设中，在厂区内专门建立了供穆斯林和印度教员工祷告的清真寺和神庙，充分尊重当地的宗教信仰。在"开斋节""宰牲节"等重要宗教节日，向当地员工和村民发放节日奖金和慰问品，努力促进不同文化背景、宗教信仰、生活习惯的员工和谐共处共同发展。

（三）建立全方位的公共关系网

积极开展对外公关活动，与印尼政府部门、当地业主、咨询公司、村县政府、中资机构和我国驻印尼使领馆等保持密切联系，建立起广泛、深入的社会关系网。通过参观考察、培训学习、拜访慰问等多种形式和渠道，有效加深了解，互利互信，增强中国华电的海外社会影响力。

三 以"互惠双赢、回馈社会"为核心，全面构建企业社会责任体系

（一）参与公益事业，回馈当地社会

组织动员各参建中资企业，积极开展"国有界、爱无边"的爱

心公益活动。捐赠善款及物品，支持当地各种公益事业的发展，为所在地的减贫脱贫、教育医疗、防灾救灾、体育文化等方面做出了重要贡献。2013 年至今，巴厘岛项目公司捐资支持当地 3 所学校的设施改善，直接受益学生达千余人，同时修建村公所和附近 5 座清真寺，直接受益者达到 5000 人以上。印尼国庆期间，项目公司组织趣味运动会，邀请附近村民和项目人员举行升旗仪式、爬树比赛、拔河比赛、穿麻袋跑步等活动，此类活动已连续举办两届，并得到了当地村民的热情支持。

（二）重视环境保护

作为海外工程项目，尊重当地的宗教、文化、风俗习惯，履行社会责任，实现文化融合，才能创造成功的投资建设环境。巴厘岛既是国际知名的旅游胜地，也是文化传统习俗保留良好之地，保护优美环境自然成为项目建设的重中之重。项目部因地制宜，有计划、有组织地通过海水脱硫除尘、高烟囱排放烟气、冷却温排水、封闭输煤栈桥、布袋除尘等方式，降低排放物浓度，各项指标均满足环评要求。

为防止露天煤场可能造成的污染，华电科工主动采用自有的圆形料场技术，在印尼建立了第一个全封闭的圆形煤场，库内还配备了较好的安全系统，包括自动喷淋灭火设施等，让煤炭粉尘颗粒保留在仓库内，不会飘散在空中，从而有效解决了大型电厂尤其是海滨电厂露天煤场对厂区及周围环境的污染问题。

巴厘岛燃煤电厂在保障当地电力供应的同时，给当地社会带来实际利好，实现了企业与所在国和谐相处，互利共赢。

巴厘岛项目大量使用当地材料、机械等，累计超过 2000 万美元，累计为当地贡献税收约 1200 万美元。巴厘岛地区岛内电力建设不足和岛外供给有限，使得巴厘岛电网一直处于电力供应不足和可靠性差的紧急状态，对燃油（气）电的依赖程度高，当地政府需承担燃油

（气）电价的巨额补贴，财政补贴压力巨大。巴厘岛项目是岛上总装机容量最大的也是唯一一座燃煤电厂，向巴厘岛以及周边区域电网供电，电厂投产之后年均发电量将超过28亿度，供应全岛超过40%的用电量，稳定了巴厘岛及周边地区的电力供应，印尼当地电网公司PLN每度电的购电成本从0.11美元降到了约0.07美元，截至2016年2月底累计为PLN降低成本近8000万美元。电厂投产后对当地经济建设具有积极作用，是中国和印尼在基础设施领域深入合作的又一项重要成果。

巴厘省省长助理伊·格图特·维加表示，巴厘岛每年接待1000多万国内外游客，对电力稳定和正常供给有较高要求，中国华电巴厘岛一期燃煤电厂的竣工将改变巴厘岛目前依赖外岛输电和燃油发电的局面，希望中国华电等中国企业继续参与巴厘岛的电力、道路、码头等基础设施建设，促进巴厘岛的进一步发展。

中国驻印尼大使馆经商处公参王立平表示，能源合作是中印尼双边关系的重要议题，中方一直以来全力支持印尼早日解决电力短缺问题。未来中国企业将继续扩大对印尼电力等能源领域的投资力度，创造更多就业机会，提升印尼整体电力发展水平。

巴厘岛项目以"打造样板工程，锤炼过硬队伍，树立华电品牌，展现祖国形象"为宗旨，实现了经济效益、环保效益、社会效益相统一，用真情反哺当地社会。项目顺应了"一带一路"宏伟构想的和平发展、合作共赢的时代潮流，更契合了印尼"海洋强国"的战略思路，打造了中国"走出去"的又一张亮丽名片，为增进两国友谊再添浓墨重彩的一笔。未来中国华电除了坚持高标准做好电厂的生产运营管理工作外，还将积极参与印尼的电力新项目，为印尼发展输出优质能源。

B.7
中国节能环保集团
—— 聚合点滴，创生无限

摘　要：　中国节能环保集团公司中国地质工程集团公司在卢旺
达运营十余年，致力于农业基础设施发展和农业现代
化转型，在项目施工建设过程中，坚持履行社会责任，
支持东道国发展，为社区建设出力，尽可能地为社区
建设提供一切力所能及的便利条件和帮助，与社区军
民相处融洽，创造共享价值。

关键词：　中国节能环保集团　卢旺达　基础设施建设

中国节能环保集团公司中国地质工程集团公司中东部非洲分公司
最早于1999年进入卢旺达开拓市场，经过17年的拼搏，已成为卢旺
达及周边国家布隆迪、刚果（金）重要的建筑工程承包商之一，在
卢旺达、布隆迪和刚果（金）三国取得了良好的声誉以及当地政府
和人民的极大信任，通过项目的成功执行和认真履行企业社会责任，
巩固了中地品牌在中东非地区的影响力。2013年11月，在集团公司
的批准下，中地中东部非洲分公司正式成立，负责卢旺达、布隆迪和
刚果（金）三国的业务经营和市场开发。

在工程建设方面，中地中东部非洲分公司经理部在卢旺达、布隆
迪和刚果（金）三国主营水利水电、电力建设、农田灌溉、市政供
水、房建及路桥项目。十余年时间内，共完工项目20个，目前有4

个在建项目。其中，在卢旺达承建的农田灌溉项目，为卢旺达农业基础设施发展和农业现代化转型做出了重要贡献。2006～2016 年，在卢旺达共完成了 8 个大型农田项目，由中地中东部非洲分公司所建的农田水利项目迄今为止能满足卢旺达约 5000 公顷农田灌溉需求，这对于以农业为主要经济支柱的卢旺达来说，有着积极而深远的政治、经济和社会意义。

中国地质工程集团公司南部非洲分公司卢萨卡 Chiawa 项目 Mikango 营地始建于 2012 年 12 月，先后作为 D152 及 D481&D482 项目施工主营地，位于卢萨卡市东郊 Chongwe 辖区 Njolwe 社区，紧邻 Mikango 营地及 Nanking 军事训练营。营地附近村庄众多，并有三所公立学校及 Panabala 孤儿院。在公路项目施工建设过程中，项目部坚持履行社会责任，与社区军民相处融洽，有效地树立了公司负责任企业的光辉形象，并加深中赞人民之间的友情。

一　基础设施建设

（一）卡纽纽巴600公顷农田水利项目（2005年7月至2007年3月）

卡纽纽巴项目，由世界银行出资，业主为卢旺达农业部，是中国节能环保集团公司中国地质工程集团公司中东部非洲分公司在卢旺达执行的第一个大型农田水利项目。该项目由蓄水坝、灌溉水渠和沼泽地农田整治三大部分组成，可以满足近 600 公顷农田的灌溉需要。该项目的建成，大大改善了东方省该地区的经济民生。

（二）鲁朗比1000公顷农田开发项目（2010年7月至2012年12月）

鲁朗比 1000 公顷农田开发项目，为东方省 BUGESERA 县

图1　卡纽纽巴整治后的农田

NYABARONGO 河下游 RURAMBI 河谷 1000 公顷农田水利整治项目，由非洲发展银行出资。主要包含 2 个提水泵站，长约 9.3 公里、高约 2 米高的拦河坝，44 公里灌渠，67 公里排渠，30 公里场内道路等。中地中东部非洲分公司在该项目执行中，克服业主支付缓慢，沼泽地区施工环境恶劣、施工难度大等困难，按期完工，该项目产生了良好的社会经济效益。

（三）东方省基莱亥县农田喷灌项目（2011 年 1 月至 2013 年 1 月）

东方省基莱亥县农田喷灌项目，由卢旺达政府出资，是中地中东部非洲分公司在卢旺达承建的最大规模灌溉系统项目，包括 3 个泵站、3 个取水站、75 公里管道、35 公里道路，项目可灌溉 580 公顷农田。该项目位于纳首湖旁边，用泵房引湖水至山上蓄水池，然后利用重力对农田灌溉，泵房全部自动化控制，农田使用喷灌技术，提高了农田灌溉的现代化水平、充分利用了水资源。

图 2　鲁朗比项目提水泵站

图 3　卢旺达东方省基莱亥农田
　　　喷灌项目泵房

图 4　卢旺达东方省基莱亥农田
　　　喷灌项目喷灌作业

（四）卢旺达尼亚加塔雷畜牧场供水项目（2013年3月至
2015年12月）

尼亚加塔雷畜牧场供水项目包括 47 座水池建设、690 座饮水槽建设等，此畜牧场供水系统是为了给该地区的养殖户提供喂养牲畜方便的饮水点，同时惠及了该地区农村社区的用水。由于该地区旱情较为严重，所以该项目为环境改善和减贫扶困做出了突出贡献。

（五）卢旺达 Karangazi 农田开发项目（2014年10月至2016年7月）

卢旺达 Karangazi 农田开发项目，由世界银行出资。项目主要施工内容为：10 米高灌溉土坝，30 公里渠道及相应的道路、结构等建设。该项目水库库容达 375 万立方米，库区面积 95 公顷，建成后可为 Rwangingo-Karangazi 沼泽地区灌溉稻田 925 公顷，将大幅提高东部省的粮食产量，是卢旺达减贫发展计划农业重点项目，具有重要政治和社会经济意义。

图5　卢旺达 Karangazi　　　　图6　卢旺达 Karangazi 农田
农田开发项目水坝　　　　　　开发项目水坝取水结构

（六）卢旺达穆扬扎大坝项目（在建,2015年10月至2017年7月）

卢旺达穆扬扎大坝项目，由世界银行出资，2015 年 10 月开工，工期 20 个月，预计 2017 年 7 月完工。该项目主要施工内容为：26 米高灌溉土坝及相关取水、导流、溢洪道等结构，20 公里土路建设。建成后，水库库容量为 60 万立方米，建成后将为该地区山坡地灌溉提供水源，大大缓解北方省山区农业灌溉用水不足问题。

图7　卢旺达穆扬扎大坝项目取水　图8　卢旺达穆扬扎大坝项目坝区
**　　结构管道运输　　　　　　　　基础处理**

卢旺达共有 60 万公顷土地需要灌溉才能有较好的产出，但目前只有 30 万公顷是能够获得所需灌溉的，农业发展仍受到极大限制，因此，中地公司所承建项目对于卢旺达来说意义非凡，贡献是久远的。

　　　　　　　　——卢旺达负责农业的国务部长

　　　　　　　　托尼·恩桑贾尼拉（Tony Nsanganira）

有了中地集团的喷灌技术后，这里变为 1 年种 3 季，旱季每公顷土地能产 5000 千克西红柿，收入高达 90 万卢旺达法郎（1 美元约合 690 卢旺达法郎）。我还在为喷灌项目工作，每月有 3 万卢旺达法郎收入。中地公司，真棒！

　　　　　　　　——卢旺达农业部基莱亥县山区喷灌项目弗德曼

自从有了喷灌项目，当地人再也不用迁徙，还吸引了越来越多的人到这里来定居和打工。

——卢旺达农业部基莱亥县山区喷灌项目主管帕皮斯

项目有力带动了当地经济社会发展，人们也开始做生意。

——基莱亥县马卡基乡乡长艾缪尔

中国让这里的农业跑步前进。

——卢旺达东方省省长

二　促进社会发展

（一）带动当地就业

中国节能环保集团公司中国地质工程集团公司中东部非洲分公司对卢旺达人力资源的培训做出贡献，每年雇用约有2000名当地员工，包括长期和临时的工人，极大地解决了当地的就业问题，并且在项目建设中，给他们传授知识、提供技术培训，很多工人在该公司工作十年以上，成为技术和管理骨干。

（二）医疗卫生

非洲大陆 HIV/AIDS 感染率和传播率较全球偏高，死亡率也居高不下，HIV/AIDS 是困扰非洲国家乃至世界的重大难题。为了帮助当地居民，也为了人类文明发展，中国节能环保集团公司中国地质工程集团公司南部非洲分公司积极参与 HIV/AIDS 预防教育宣传工作，每个月定期组织工人及项目沿线居民参加 HIV/AIDS 预防教育宣传讲座，邀请部队军医及当地医院、诊所的医生为大家讲解 HIV/AIDS 的危害和预防措施，并为所有参会者发放安全套等卫生用品。在有限的时间和空间里尽可能地增强人们的卫生防范意识，鼓励患者及时及早接受治疗，帮助他们避免病毒传播，为全人类文明建设奉献绵薄之力。

（三）参与社区建设

中国节能环保集团公司中国地质工程集团公司南部非洲分公司秉承帮助社区建设、助力东道国发展的良好意愿，积极参与教育事业在所处社区的发展。在项目建设过程中，耗资 6000 美元，在 Muzembela 村庄为村民们打了两口井，实质性地改善了村民用水困难的窘境，解决了长久以来困扰当地村民的生活难题，为村民的生活提供便利。

自 2014 年以来，公司相继收到 Mikango 部队学校、Mikango 军营、Mikango 军营医院、Nangombe 社区学校的请求，向求助单位提供了砂石、水泥等材料并帮助开展修缮工作。此友好善举获得学校、部队及当地民众的肯定。在过去四年中，中国节能环保集团公司中国地质工程集团公司南部非洲分公司对社区学校建设的投入累计达 2.5 万余美元。此外，还参与当地孤儿院捐赠等。

借鉴篇

B.8
韩国政府推进企业海外社会责任研究

摘　要：　本报告系统梳理韩国政府推动本国企业履行海外社
会责任的举措，包括韩国驻华大使馆和驻华领事馆、
韩国驻印尼大使馆、韩国驻越南大使馆、韩国贸易
投资振兴公社等针对不同东道国环境采取的针对性
措施。中国政府可借鉴韩国的经验，通过出台 CSR
指引、设立 CSR 资金、开展 CSR 调查、跟踪 CSR 动
向、评选 CSR 优秀、举办 CSR 论坛、共享 CSR 信
息、开展 CSR 宣传等方式推动中国企业履行海外社
会责任。

关键词：　韩国政府　海外社会责任机制

一 韩国外交部的海外 CSR 促进政策

韩国政府中央行政机构由 2 院 5 室 17 部 5 处 16 厅 5 委员会组成，划分为不同的等级，分别为副总理级中央行政机构、长官级中央行政机构、次官级中央行政机构。政府的海外 CSR（企业社会责任）政策的动机可以分为两种：为个别企业提供实质性支持的业务驱动型；提供 CSR 相关法律与国家政策的公共政策驱动型。作为韩国中央行政机构之一，韩国外交部在世界各国所建的使馆即可作为境外的韩国政府对海外的韩国企业推动 CSR 活动做出政策性指导，称为国际政策驱动。本报告以韩国外交部为主体，梳理韩国政府促进企业国际 CSR 的相关措施。

随着韩国企业对外投资的不断增加，韩国外交部发现韩国企业在海外运营中出现了一些 CSR 相关的问题，导致韩国企业的品牌形象受到不良影响。为了树立良好的企业形象，维护国家形象，提升企业的中长期竞争能力，从 2011 年开始，韩国外交部启动了 CSR 推进工作，目前已从初期的东南亚部分地区扩展到了欧洲地区。韩国外交部每年初会向驻外大使馆和领事馆等驻外机构发出 CSR 工作的指导性意见，并且为 CSR 活动设立专门预算，各使馆和领事馆可以在每年底向韩国外交部上报第二年的 CSR 活动计划，申请相关预算。

近两年韩国外交部发布的指导性意见中，规定了驻外机构 CSR 支持项目的五大方向：第一，举办论坛、研讨会，编制发布 CSR 手册，以提高企业的 CSR 意识，要关注中小企业，大企业有独立进行 CSR 活动的能力，但中小企业虽然对 CSR 有需求，但缺乏相关信息，不知道如何实施；第二，支持企业的 CSR 活动，帮助企业通过 CSR 活动改善形象，比如，大使、公使可出席企业的 CSR 活动，在活动上发言；第三，宣传 CSR 活动，通过报纸、广播、特刊等，使企业在海外市场获得一个较好的企业形象；第四，举办 CSR 大会，通过表彰、颁奖等鼓励企业履行好 CSR，大会可以是当地使馆主办，也可以和韩企商会、大韩贸易投资振兴公社（KOTAR）共同举办；第五，与当地政府一起开展相关活动，建立当地政府与韩国企业的相互信赖。

韩国企业海外 CSR 项目由韩国外交部地区通商部的通商投资振兴组主管，由各个驻外机构专设 CSR 组来开展相关活动。与此同时，韩国外交部自身也进行 CSR 政策研究，举办国际论坛、外交部 CSR 专家论坛等相关活动。基于活动目标和促进方式，韩国外交部的 CSR 支持项目可分为提高认识、建立伙伴、活动指导三个类型。①提高认识：通过讲座、研讨会、调查、宣传等多样化的方式来提高企业的 CSR 认识。②建立伙伴：为帮助企业在当地顺利、有效、更多地开展 CSR 活动，联合各政府驻外机构共同建立企业与民间组织或当地政府、机构之间的合作关系，合作活动包括座谈会和协议会。③指南与指导：为让韩国企业更加了解当地的 CSR 相关政策，翻译并发布当地 CSR 相关指南，也制定和发布中小企业 CSR 指南。

2015 年，韩国外交部专门下发了能够更好帮助各驻外使馆开展 CSR 活动的指导书，书中明确了 CSR 的领域，包括环境、员工、社会公益等活动，并且介绍了各个国家驻外使馆的优秀活动，给予各地的驻外机构参考。

在韩国外交部的指导下，各国驻华使馆、领事馆近年来纷纷开展 CSR 推进活动，本报告以驻华大使馆和领事馆、驻印尼大使馆以及驻越南使馆的推进举措为例。

二　韩国驻华大使馆与领事馆推进举措

（一）驻华大使馆

2011 年，在韩国外交部的推动下，韩国驻华大使馆对 40 余家在华韩企的 CSR 状况进行了摸底，由此开启了 CSR 推进工作。韩国驻华使馆每年底向韩国外交部上报 CSR 推进计划，并申请预算，第二年大使馆将按照计划开展活动，并将工作情况进行上报，同时向驻华领事馆进行分享。韩国驻华大使馆近年来开展的 CSR 活动主要有以下几项。

（1）举办年度论坛，为优秀在华韩企颁奖。韩国驻华大使馆每年 12 月举办规模较大的 CSR 论坛，参会嘉宾 150 人左右，包括政府、企业 CSR 负责人、媒体等，论坛还会邀请韩国和中国的 CSR 专家发表主题演讲，就 CSR 领域工作的现状、动态、面临的问题等进行研讨。

从 2015 年开始，为了使在华优秀韩企的评选更加客观公正，韩国驻华大使馆在中国社会科学院经济学部企业社会责任研究中心专家的学术支持下，每年邀请韩国和中国专家各 5 名，对韩企提交的当年社会责任案例进行打分和研讨，以确定最终的 CSR 模范企业。公使出席专家研讨会，驻华大使在论坛上亲自为 CSR 模范韩企颁奖，韩国外交部处长也出席了论坛。

（2）召开中国地区领事馆 CSR 负责人座谈会。从 2015 年开始，每年 12 月初，韩国驻华大使馆组织中国地区领事馆 CSR 负责人召开座谈会，各个领事馆交流 CSR 推进工作的进展以及所面临的问题，与会代表商讨并提出解决办法和改进 CSR 工作的建议。

（3）组织 CSR 定期协议会。这项工作始于 2011 年，从 2013 年开始定期举行，每年两次。韩国商会、大韩贸易投资振兴公社、在华韩企等机构 20 余人参加，共享 CSR 信息和未来活动计划，并提出问题。当年召开的会议内容会反映到当年的 CSR 活动计划中。

（4）举办不定期论坛。韩国大使馆每年会根据中国当前的 CSR 热点议题举办小型论坛和研讨会，把握现状，学习先进经验。2013 年，中国社会科学院经济学部企业社会责任研究中心出版的"企业社会责任蓝皮书"发布后，媒体广为传播，韩国大使馆邀请课题组专家讲述了该研究成果的主要发现；2014 年，邀请中国专家分享了中国 CSR 的现状和趋势；2015 年，邀请中国专家讲授了中国企业的 CSR 优秀案例；2016 年，邀请公益领域专家讲授《新慈善法》对企业捐赠的影响。

（5）编写 CSR 文本材料。2012 年，韩国大使馆将中国社会科学院经济学学部企业社会责任研究中心出版的《中国企业社会责任报告编写指南（CASS – CSR2.0)》翻译成韩文，为在华韩企的 CSR 工作提供更加细致的指引；2014 年，韩国大使馆与韩国商会共同编制《2013 ~ 2014 年在华韩企 CSR 白皮书》，分议题地展示了各在华韩企的 CSR 实践。

通过一系列的推进活动，在华韩企对 CSR 的重视程度不断提升，负面事件发生频率降低，公益活动投入增加且影响力提升，一批大型韩企在中国发布社会责任报告，赢得了良好声誉。在近两年发布的"企业社会责任蓝皮书"中，在华韩企的社会责任发展指数明显高于其他国家和地区的外资企业。

（二）驻上海总领事馆

韩国驻上海、西安、成都、武汉、沈阳总领事馆近年来也开展了一系列 CSR 推进工作，如各领事馆都举办了 CSR 研讨会，上海、沈阳总领事馆编写了 CSR 优秀案例集。在各领事馆中，驻上海总领事馆的举措最为有力，2011 年，编写韩文版在华优秀企业案例集；2013 年将优秀案例集翻译成中文，并编制《在华韩国企业 CSR 指南》；2014 年发布在华韩国企业优秀案例集修订版，并对企业进行表彰。其中，最值得一提的是《在华韩国企业 CSR 指南》，它指导着在华韩企制定 CSR 战略并建立 CSR 相关体系。

2013 年，韩国驻上海总领事馆根据学界与企业的最新趋向，发布了《在华韩国企业 CSR 指南》，其中明确了社会（People）、经济（Profit）、环境（Planet）领域的 CSR 核心要素，制定了具体活动方针（见表1），并提出了企业 CSR 自我诊断标准表（见表2）。

表1 CSR 具体活动方针

分类	主要责任	主要观点	内容
社会	社会责任	人是 CSR 中最为核心的要素	企业对人的责任:企业员工和利益相关方(社会贡献、劳动/人权、员工福利等)
经济	经济责任	利益是 CSR 最大的价值追求目标	企业对经营和经济发展的责任:合作企业的共同发展、反腐问题
环境	环境责任	地球是 CSR 最明确无误的关怀对象	企业对环境的责任:企业的环保政策、环保产品、再利用等

表2 上海总领事馆的在华韩国企业 CSR 自我诊断表

序号	维度	诊断内容	是	否
1	公平运行惯例	是否有支持合作企业生产力发展的项目?		
2		是否与合作企业举行高层经营者之间的如座谈会形式的交流平台?		
3		是否对合作企业的人权进行管理与监督?		
4		是否对合作企业的社会贡献进行管理与监督?		
5		是否对合作企业的环境、安全、保健进行管理与监督?		
6		是否有管理并监督违反规定的合作企业的体系?		
7		选择合作企业时是否将社会责任活动(CSR/可持续性和人权)作为选定条件之一?		
8	消费者问题	是否有公开详细的产品与服务购买事项(配送,信用交易信息等)?		
9		是否有产品事后管理体系,并有效运营?		
10		是否有消费者意见的反馈与交流平台?		
11		是否有提高消费者健康与安全的制度与活动安排?		
12		是否有告知消费者产品与服务的使用方法并警告可能发生的危险?		
13		是否有保护顾客个人信息的制度?		
14		是否在顾客的同意下收集有关产品和服务的信息?		

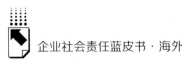

续表

序号	维度	诊断内容	是	否
15	CSR 推进水平	是否有相关企业社会的国际化政策？		
16		韩国本部是否有制定 CSR 报告,并有评价报告的体系？		
17		是否有中国的(中文)报告,并有评价报告的体系？		
18		是否有与韩国本部进行 CSR 相关交流并共享信息与评价？		
19		驻中国首席执行官(CEO)是否有积极推进社会责任经营？		
20		是否有第三机构对 CSR 和可持续经营报告进行检验？		
21	劳资问题	是否有劳资相关政策与指南？		
22		是否有专门管理劳资的部门？		
23		是否在雇用、升职、业务处理等方面为所有人提供平等的机会？(例:国籍、年龄、性别、残疾等)		
24		企业的劳动协议书是否包含所有国家劳动法律法条？		
25		是否根据法律集体谈判提供良好水平的工资？		
26		是否有遵守规定劳动时间、休假日？		
27		是否有为营造良好工作环境而开展相关活动？		
28		是否有支持自我开发的相关项目活动？		
29		是否有保障员工保健与安全的政策与制度？		
30		员工的社会保障保险是否符合国家相关法律？		
31		工会是否是根据国家规定设立的? 相关的资料是否完备？		
32		高层经营者是否参加与工会的交流？		
33	环境	是否有通过 ISO14000、OSHAS18000 等环保认证制度？		
34		是否有定期调查经营单位对周围环境的影响并进行评价？		
35		是否有将产品制作过程中的原材料资源消耗、污染物质排放最低化？		
36		是否有根据企业与政府的规定对污染物质进行管理与监督？		
37		是否有对废弃物实行有效再利用？		

续表

序号	维度	诊断内容	是	否
38	环境	是否有对废水进行监督并管理?		
39		是否有监督并控制噪声?		
40		是否有应对气候变化的政策与体系?		
41		生产中的资源消耗量是否符合国家规定?		
42		办公室里是否有节能节源制度?		
43		是否有环保专设机构?		
44	社会贡献	企业内部是否有社会贡献相关政策与规定?		
45		确立社会贡献战略时是否与地方组织(政府,NGO 等)进行交流?		
46		是否有把社会贡献的目标与成果公布给利益相关人?		
47		是否支持地区社会的发展并开展相关活动?		
48		是否运行发展地区社会的活动项目?		
49		是否为当地社区提供教育机会?		
50		是否有社会贡献专设团队?		
51		是否在企业的所有经营活动中考虑地区社会的发展?		
52		是否有定期发展地区社会的活动?		
53		是否有促进员工自发参加慈善活动的制度?		

具体来看,韩国驻上海总领事馆主要做了以下推进工作。

第一,社会(People)方面。

韩国驻上海总领事馆倡导在华韩企在社会贡献、劳动和人权方面应考虑以下核心要素。

社会贡献方面的核心要素有五项。

(1)正确认识社会贡献的概念。社会贡献并不是企业有多余的财富才可以做的,也不是有钱人对贫穷人的帮助。

(2)企业的社会贡献活动应与企业自身的经营活动结合在一起。企业社会贡献活动在考虑企业自身的特征之下,综合考虑商品、服务、人力资源条件,兼顾企业的利益相关方,才能取得最大的效果,要实现双赢，而非只停留在帮助别人的层面。

（3）需要了解中国当地的社会问题。企业作为社会成员，其社会贡献活动需要和当地社区问题紧密联系在一起，才能获得当地的良好口碑，使企业形象得以提高。

（4）需要长期的、可持续的社会贡献活动。长期可持续的社会贡献活动有助于获得当地人的信赖，更会为企业吸引优秀人才。反之，短期社会贡献活动甚至可能带来功利与造势的负面影响。

（5）资金支援必须公平公正。要把私人关系、政治性因素排除之后再筛选支援对象。

劳动保障、人权层面的核心要素有五项。

（1）了解中国关于劳资/人权的相关法律。掌握中国法律所定义的侵害人权的具体行为。

（2）定期进行劳资双方对话。着力于通过管理者与当地员工之间的沟通，解决问题。

（3）预防企业在中国产生人权问题。人权问题目前是潜在性的，但提前关注才能有备无患。尤其是在中国进行生产并输出产品到国外的企业，对方进口商经常要求审查中国员工工作环境等人权问题。

（4）扩大人权保护范围和持续开展人权保护活动。制定企业人权政策并实施企业活动的人权影响力评价，对企业进行人权保障监督与审查。

（5）消除对女性、残疾人、儿童、外国人等弱势群体的歧视与区别对待，为弱势群体提供工作机会。

第二，经济（Profit）方面。

韩国驻上海总领事馆倡导在华韩国企业要有经济责任，指出，企业的经济责任意味着提供必要的产品和服务，扩大雇用规模与企业利润的再投资，从而为中国的社会经济发展做贡献。考虑到社会主义经济发展的特征，中国政府是企业在市场发展中的一项重要因素，因此，进入中国市场的韩国企业一定要追求公共性。

在共同发展中应考虑的核心要素有四项。

（1）考虑与促进当地合作企业与社区的发展。探讨企业在生产产品和服务过程中，如何促进共同发展，实现双赢。

（2）积极与合作企业沟通，实现共同发展。在尤其重视人情味的中国，沟通变得更加重要。企业应通过与多元利益相关方进行沟通，找好企业为更好发展所需要的共同目标和任务。

（3）需要多方协调的决策过程。由于同样的问题在不同的视角下会导致不同的结果，决策过程中企业需要通过沟通，收取尽量多的意见，将风险最小化。

（4）致力于与合作企业保持公平公正的关系。

企业对消费者问题方面应考虑的核心因素有四项。

（1）构建多样化的消费者沟通渠道，听取消费者意见，在遇到问题时尽快回应与处置。尤其是社交平台比较发达的中国，企业需要提前预防消费者问题的负面影响。

（2）认识到产品的安全性是消费者最关注的一点。企业应通过多元沟通手段了解产品安全问题将会给消费者造成的影响。

（3）要保护消费者的个人信息。

（4）搭建与坚持企业经营理念和企业家领导力。

第三，环境（Planet）方面。

企业的环境应对能力的提升，可推动企业环保产品的制作、原材料再利用等长期环保战略的实现，甚至提高企业的市场竞争力。企业还可以通过公益广告或宣传企业环保管理策略和产品，提高利益相关方的环保意识。

在华韩国企业的环境责任核心要素有七项。

（1）环境是目前人类和中国最关注的问题。中国面临着亟须治理产业化导致的环境污染问题，这也是整个人类所面临的重大问题，包括水污染与气候变化等问题。

（2）根据企业的产品和服务特征，建立环境经营目标与战略体系。摆脱单纯的能源节约和废弃物的减少活动，根据中国的有害物质管理政策，在产品制作与销售的全过程中体现企业的环保理念，实现企业的环保策略。

（3）在组织和人事管理领域，实现企业的环保经营。环保经营需要员工的积极参与，因此要对员工进行气候变化、节能减排等方面的培训。

（4）在温室气体管理方面提出明确的战略。温室气体的管理成为企业对环境经营的重要部分，企业在温室气体的减排方面还可产生经济收益。

（5）建立长期性环保策略。企业通过构建环保效应的量化评价体系，实现环保和节约效果的最大化。

（6）提高可再生能源的使用比例。减少废弃物的排放并提高可再生能源的使用比重，使企业收获额外的利益。

（7）通过设置专家和负责部门实现战略性环境经营。环境经营活动的负责部门和专家对企业的环保活动进行分析，并对中国的相关法律政策进行分析，有利于避免韩国企业在中国可能会发生的风险。

韩国驻上海总领事馆为了帮助在华韩企了解自身的 CSR 情况并进行改善，向企业提供 CSR 自我诊断表。该诊断表以 ISO26000 的支配结构、人权、劳动、环境、公平经营、消费者、地区社会的参与和发展等 7 项为基础维度。考虑到中国国情，诊断表排除了支配结构项，将人权和劳动合并为劳资问题，增加了 CSR 推进水平项。诊断表包括 CSR 推进水平、劳资问题、环境、公平运行惯例（反腐与共同发展）、消费者问题、社会贡献（地区社会的参与和发展）等 6 个维度，每个维度有 6 ~ 14 个问题，共有 60 个问题，以是/否的形式回答。具体打分方式为："是"为 1 分，"否"为 -1 分，以总分判断企业的 CSR 情况：-60~-30分：CSR策略、体系、与利益相关方的沟通层面均不完善；-30~0分：对CSR具有最基本的了解，但仍以遵守当地法律等消极活动为主；0~30分：虽有多样化的CSR的活动，但并无明确的CSR战略方向；30~60分：在实行较高水平的CSR活动。

韩国驻上海总领事馆还通过在华韩国企业CSR活动现状的调查和分析，为驻华韩企提出在华进行CSR活动时应注重的核心要素六项。

（1）了解并分析当地文化。成功的CSR活动需要准确了解中国的文化。根据当地的文化特征建立CSR策略并与NGO等当地组织合作，有利于实现企业CSR活动的本土化而有效发展。

（2）开展企业独特的CSR活动。目前大部分在华韩国企业设立奖学金，在希望学校，环保等传统领域开展CSR活动。各企业更需要根据当地特性建立起符合其产品特征的企业独有的CSR策略。

（3）达到与企业形象一致。企业需要明确CSR策略并传达一个明确的信息，企业对顾客转达信息量过多时则会造成消费者对企业形象的混乱。

（4）CSR活动的持续实践。就像品牌需要长期对消费者进行宣传才能留下印象一样，CSR活动也需要长期持续才能获得此效果。

（5）提高对CSR的认识。中国市场竞争的日益增加和网络的发展体现消费者的购买意图的不断变化。CSR战略应适当反映时代的步伐，应对市场竞争和消费需求的变化。

（6）从消极CSR到积极CSR的转变。很多韩国企业忽略宣传CSR活动的重要性。企业积极宣传CSR活动并建立可信赖的营销策略，对企业形成良好的形象有所帮助，有助于打下良好的国际竞争基础。

三 韩国驻印尼大使馆推进举措

1988年印尼发生暴乱时大部分海外企业立即撤出，但很多韩国企业选择留下，当地人的心目中对韩国企业有着较好的印象。韩国驻印尼大使馆认为驻外机构举办 CSR 活动有利于提高韩企的形象和国家形象，在两国之间发生贸易冲突时，可发挥一定程度上的缓解作用。韩国驻印尼大使馆认为，韩国在印尼企业遇到风险时，能获得较好的呼应，这可能由于韩国企业在 1988 年印尼社会形成的有责任和可信赖的企业形象。

韩国驻印尼大使馆促进 CSR 的历程较短，尚无明确的目标，主要在加强现有活动的扩大和宣传。开展的 CSR 活动主要有：签订韩国驻印尼大使馆和印尼企业家协会（The Employer Association of Indonesia，APINDO）间的谅解备忘录、CSR 论坛、宣传 CSR 模范案例和提高 CSR 认知；奖励为发掘 CSR 的优秀活动。韩国大使馆曾用印尼广播"印尼商业网"向企业介绍了 CSR 并连接了 CSR 和 NGO。

印尼现有 1800 多个韩国企业，韩国驻印尼大使馆为韩国企业和印尼经济社会之间起着桥梁作用，给韩国企业提供适当的 CSR 指南和信息，以解决多数韩国企业对 CSR 了解的不足，解决其对 CSR 具体措施方面知识不足等问题。图 1 展示了韩国驻印尼大使馆对促进韩国企业 CSR 活动中的角色。

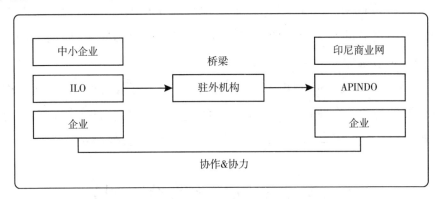

图 1 韩国驻印尼大使馆对促进韩国企业 CSR 活动中的角色

资料来源：浦项经营研究所，2012。

四 韩国驻越南大使馆推进举措

韩国驻越南大使馆促进 CSR 活动从 2007 年开始，2011 年得到了韩国外交部的资金支援，进一步加强了 CSR 活动的宣传。

韩国驻越南大使馆促进 CSR 活动主要如下。

（1）宣传，为改善在越南韩国企业的企业形象并吸引更多的投资。为了宣传韩国企业在越南进行的 CSR 活动，韩国驻越南大使馆在 2011 年开展的 CSR 活动电视节目（河内电视台，25 分钟，周一、周六下午 4 点，共 22 次），获得了媒体和观众的好评。此节目主要介绍了韩国企业在越南北部地区进行的 CSR 活动，大企业与中小企业的比例约为 6∶4，收视率为 1%～2%，有 50 万～100 万名观众收看。2012 年播放了第二季。地区从北部扩大到中北部，扩大了中小企业 CSR 活动宣传比重。宣传方式也不仅有电视节目，还增加了新闻报道。内容包括 CSR 活动介绍和企业广告。新闻报道以经济类和英文报道为主，经济类新闻针对当地市民与投资者，英文新闻则以海外投资者为对象。

（2）CSR 论坛，宣传 CSR 优秀案例并提高 CSR 认知度，促进韩越之间的经济合作。韩国驻越南大使馆每年举办一次 CSR 论坛。参与该论坛的有韩国外交部本部、驻外机构（韩国驻越南大使馆与胡志明总领事馆、KOTRA），大韩商工会议所、CSR 优秀企业、越南投资规划部（MPI）、商工会议所（VCCI）等，也有 YTN 电视台和侨民新闻社等媒体的参与，以增加宣传效果。论坛以"越南宏观政策与企业的社会责任"为主题，韩国驻越南大使馆还强调，CSR 活动不仅有助于企业形象的改善，也有助于跟随世界经济发展的趋势，成为经济效益的核心因素。

（3）开展政府与民间组织合作项目，创造与越南社会共同发展的韩国企业形象，并为越南本地社会发展做贡献。韩国驻越南大使馆从2012年开始推动政府与民间组织合作开展CSR项目。韩国驻越南大使馆和越南投资规划部、CSR协议会在永福省开展了CSR活动，建立了诊疗所、妇产科、健全的医疗设施与饮水设施。韩国驻越南大使馆还通过电视节目和传媒公司，积极宣传该活动。

（4）促进地区社会的发展，促进韩国企业与当地居民的和谐，鼓励韩国企业更多参与CSR活动。韩国驻越南大使馆促进当地社会及居民之间的交流，开展的韩越饮食文化节，共有8万人参加，参与费用全部捐到地区社会，促进韩国企业与当地居民和谐共处。

（5）CSR协议会，推动系统性、可持续性、中长期性的CSR活动。韩国驻越南大使馆建立了CSR协议会，倡导大使馆、公共机构、NGO组织等共同推进"综合型CSR项目"。CSR协议会确立了在越南促进CSR项目的目标与发展方向，韩国国际合作机构（Korea International Cooperation Agency，KOICA）和大韩贸易投资振兴公社（Korea Trade-Investment Promotion Agency，KOTRA）也共同开展相关具体活动。KOTRA主管担任CSR协议会的首任会长。

韩国驻越南大使馆认为，驻外机构处于多元利益相关方的中心，利益相关方之间的协作在韩国驻越南大使馆促进韩国企业CSR活动中具有核心价值。韩国驻越南大使馆将"通过媒体宣传韩国企业CSR活动"转变为"参与为主的CSR活动"作为今后的发展方向，更加强调政府间、政府与民间组织、企业间、政府与地区社会、企业与地区社会的合作，甚至将这些合作活动整合为体系化的机制。图2显示韩国驻越南大使馆在促进韩国企业CSR活动中的角色。

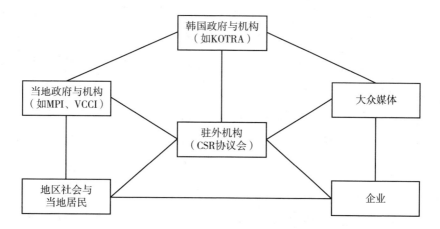

图 2　韩国驻越南大使馆在促进韩国企业 CSR 中的角色

资料来源：浦项经营研究所，2012 年。

五　大韩贸易投资振兴公社推进举措

大韩贸易投资振兴公社（KOTRA）是在 1962 年依照《大韩贸易振兴公社法》，由政府全额出资成立的非营利贸易振兴机构。其设立目的是通过贸易振兴、与国内外企业进行投资与产业合作来促进国民经济的发展。

韩国外交部代表政府为进入海外市场的企业提供 CSR 政策方向，KOTRA 则提供更加具体的策略。强有力的国际网络是 KOTRA 实现目标的保障，KOTRA 目前在世界 85 个国家、10 个地区拥有 125 个海外贸易馆。

KOTRA 投入最大精力的活动是 CSR 信息收集。KOTRA 利用 11 个海外网络支持着国际 CSR 信息中心的运营，并通过此中心分析各国的 CSR 趋势和韩国企业的优秀 CSR 案例。KOTRA 分析快速变化的全球 CSR 趋势与政策，提供从欧洲等发达国家到印度等发展中国家的 CSR 信息。与此同时，KOTRA 还分析驻外韩国企业的 CSR 认知与现状，并实施提高企业 CSR 能力的战略。

KOTRA 还通过与各国驻外机构与当地组织的合作，致力于宣传 CSR。向驻外韩国企业家提供 CSR 咨询，并通过定期的探讨会和讲座，改善企业对 CSR 的认识并在当地宣传。

2011 年，KOTRA 在越南、印尼等地通过社会责任颁奖典礼宣传韩国企业的 CSR 模范案例，旨在通过 CSR 活动加快韩国企业对地区的适应并提高国家的形象，从而进一步提高国家的竞争力。由于印尼市场的大部分韩企是微小企业，不适合开展高强度的 CSR 活动，KOTRA 主要帮助在印韩企适应当地社区，并按照当地社区的要求开展经营活动。2011 年由韩国知识经济部与印尼投资协调局共同主办、KOTRA 承办的"在印韩国企业社会责任颁奖典礼"，公开了奖励企业，进一步宣传了韩国企业的 CSR 活动。KOTRA 计划为进入海外市场的韩国企业通过 DB 帮助其解决难题，并和驻外机构合作，推广韩国企业的 CSR 活动。KOTRA 还在越南举办了由韩国知识经济部与越南投资计划局共同主办的"在越韩国企业 CSR 模范事例颁奖典礼"。

此外，KOTRA 贸易部每年至少挖掘一个 CSR 活动事例，并从 2013 年起，规定贸易不可以以独立身份推进 CSR 活动，特别是随着 CSR 活动成为贸易部的评价标准之一，有更多的贸易部希望开展相关活动。

KOTRA 的 CSR 支持项目和政府以及韩国中小企业的 CSR 项目存在很大不同。KOTRA 是韩国的贸易振兴机构，其 CSR 项目的主要对象为进入海外市场的韩国企业。KOTRA 确立一个 CSR 促进战略与方向，并通过具体项目支持企业的 CSR 活动。为了提高企业对 CSR 的认识，KOTRA 开展各项活动，还和当地组织建立伙伴关系。KOTRA 的活动偏重于企业与市场层面，它的政策性指导作用是比较小的。

KOTRA 还通过运营 CSR 咨询组来讨论韩国企业海外 CSR 促进方案，收集对 CSR 政策与制度的建议与提案。

六 中国政府推进海外企业 CSR 的政策建议

韩国外交部和驻外大使馆、总领馆的 CSR 推进举措为中国政府推进海外企业 CSR 提供了非常有价值的参考，中国外交部和驻外使馆可从以下八个方面加强社会责任工作，帮助海外企业提升社会责任意识，树立良好的企业形象和国家形象。

（1）出台 CSR 指引。中国外交部应当出台 CSR 工作指引，向各驻外使馆、总领事馆强调 CSR 推进工作的重要性，明确海外企业 CSR 包含的领域，指导各驻外使馆、总领事馆开展 CSR 工作可采取的形式，让各驻外机构提升意识、了解重点、掌握工作方式。并鼓励条件成熟的驻外使馆出台所在国家和地区的 CSR 指南，为海外中资企业提供更有针对性的指导。

（2）设立 CSR 资金。中国外交部应当设立 CSR 推进工作专项资金，为 CSR 工作提供经费保障，鼓励各驻外使馆、总领事馆提交 CSR 工作计划，申请 CSR 推进工作预算，上报专项经费使用情况。

（3）开展 CSR 调查。中国驻外使馆、总领事馆要启动 CSR 工作之初，要做好所在地中资企业 CSR 现状调查，把握企业履行 CSR 的情况，发现问题、明确重点，为 CSR 推进工作提供参考。之后每年可选取重点企业开展调研，实时把握海外中资企业 CSR 的最近进展和挑战，以便有针对性地开展各项推进工作。

（4）跟踪 CSR 动向。CSR 随着经济社会环境的发展而不断变化，新要求、新议题、新举措不断出现，为更好地把握海外企业履行 CSR 的外部环境、学习优秀企业的先进经验，中国驻外使馆、总领事馆应当邀请所在国家和地区的专家讲授 CSR 最新发展、相关政策，邀请当地优秀的跨国公司分享优秀实践，将当地最具影响力的CSR相关成果翻译为中文，给予中国企业以多方位的参考和借鉴。

（5）评选CSR优秀。中国驻外使馆、总领事馆要建立推动海外企业更好履行CSR的激励机制，通过开展优秀CSR企业评选和表彰、优秀CSR案例评选和颁奖等，鼓励企业做出亮点、提升绩效，树立海外企业CSR典型。

（6）举办CSR论坛。中国驻外使馆、总领事馆应在所在国家和地区定期举办CSR相关论坛，搭建海外中资企业CSR负责人与各方交流的平台，并通过邀请当地的政府、专家学者、NGO、媒体等参会，加强他们对海外中资企业CSR理念与行动的了解，获得他们的认同和支持，驻外公使、大使要积极参加论坛活动。

（7）共享CSR信息。中国外交部要建立起各国驻外使馆、总领事馆之间的信息共享机制，了解各个国家和地区的最近进展、推广亮点、发现问题、指导改进；各国驻外使馆、总领事馆也要建立起当地的信息共享机制，大使馆、总领事、中资企业的CSR负责人共同探讨、改进提升、形成合力。

（8）开展CSR宣传。各国驻外使馆、总领事馆要高度重视CSR宣传，通过与所在国家和地区有影响力的媒体合作，宣传优秀海外中资企业，传播典型案例，努力树立负责任的中资企业形象和国家形象。

B.9
现代汽车

——携手共创更好未来

摘　要： 现代汽车基于"通过创意思维与不断挑战创造新的未来，实现人类社会的梦想"的经营哲学，深化本土价值创造，致力于为全球消费者提供优质的产品与服务。以诚信经营为基础，加强与合作伙伴的战略合作，积极为社会创造就业岗位，参与当地社会贡献活动，特别是在环境保护和交通安全等方面积极投入并系统开展相关社会责任实践活动，实现与利益相关方创造一个"携手共进的世界"。现代汽车正以一种新的姿态履行作为全球企业公民责任。

关键词： 品质管理　气候应对　人才培养　公益项目

现代汽车集团成立于1967年，产业覆盖了汽车、钢铁、零部件、建筑、金融、物流、IT等各个领域，拥有子公司57家，年销售额达到了234.4兆韩元（约合1.41万亿元人民币）。现代汽车自1976年开始向中东地区出口以来，不断开拓海外市场，在2015年9月累计出口突破300万台，占据全球市场的5.6%，海外市场的4.9%。现代汽车在中国、印度、土耳其、巴西、捷克、俄罗斯、美国、加拿大、墨西哥、德国、英国、荷兰、日本和澳大利亚等海外各地建有技术研究所、生产法人、销售法人、设计中心、地区本部等44个据点。2015年，现代汽车拥有海外员工46458名，占总员工数的41.5%。现代汽车将"无限责任精神""实现可能性""实现人类爱"等三个核心关键词作为集团的精神和价值,确立了"以创新性思考和不断挑战创造新未来、实现人类社会梦想"的经营哲学,进行可持续经营活动。

一 追求品质产品

现代汽车坚持向全球顾客提供"无故障的高品质汽车",建立了具有现代汽车特色的全球品质保障体系,利用全球研发技术中心,不断追求科技创新,并以"服务至上"为宗旨,强化各个环节服务,满足客户需求。

(一)品质保障体系建设

现代汽车秉持顾客至上的经营理念,通过品质保障体系建设,从生产到售后服务各个环节,严格把控汽车质量。在车辆开发阶段,主要开展针对威胁顾客安全、引起品质不满的 Safety Quality Killer,即安全质量的把控。在售后阶段,加强早期预测、早期改善、早期修理体系,通过事前预防来阻止安全质量问题的扩大化,提高质量的保障。

案例1 北京现代的全程品质管理

北京现代坚持"以品质树品牌",并将"品质理念"贯穿产品研发、零配件的采购、生产、检测、销售、服务、维修等每一个环节,实现全程品质管理。

1. 研发设计:全球研发与本土化

北京现代多款车型来自韩国、北美洲和欧洲三大研发中心。同时北京现代研发中心针对中国市场需求开展本土化研发和改动。悦动、ix35、瑞纳及第八代索纳塔都是在原型车基础上进行了修改和调整,成为符合中国市场需求的高品质车型。

2. 供应商管理：4M 管理（Manpower 人力、Machine 机器、Material 材料、Method 方法）

北京现代非常注重供应商管理，对每一家供应商从资质、制造到物流、售后，都建立了严密的品质管理体系，力求从"小"处着眼，从零配件的环节保证产品质量。

3. 生产管理：高自动化率

北京现代通过创新技术手段，提高生产过程中的自动化应用，凡对品质标准有影响的内容及重体力劳动都由机器完成，检查、调整、管理则由工人完成，从而保证产品品质的一致性。

4. 出厂检测：百分百质检

北京现代对即将出厂的整车质量把控也相当严格，每台下线车辆都要在检测线 100% 质检，并在专业试车跑道路试后送 PDI（出厂前检查）车间。PDI 车间职工代表顾客以挑剔、指责的态度对车辆进行检测，任何有品质问题，甚至是使用不够舒适的车都会被挑出来送回生产线。每个月，PDI 车间都组织一次会议，车间工人向厂长指出存在的问题并要求限期改正。

2015 年，美国的市场调查公司 J. D. Power 发表的新车质量调查（Initial Quality Study）中，现代汽车获得品牌第 2 名。在中国的新车质量调查中，46 个品牌中现代汽车高居榜首。在欧洲，著名汽车报刊 *Auto Bild* 发表的 2015 品质调查（2015 Quality Report），在 20 个汽车制造商中，现代汽车荣登第 3 位。现代汽车为顾客提供高品质产品的追求，赢得了全球消费者的肯定。

（二）建立研发体系

现代汽车以打造高端汽车为目标，不断追求高层次的品质，建立全球区域的研发中心体系，致力于培养世界优秀的汽车顶尖研发团队（见表1）。

表1　现代汽车在世界主要地区的研发机构

韩国与日本技术研究所	美国技术研究所（HATCI）	欧洲技术研究所（HMETC）	中国技术研究所
韩国、日本	美国	欧洲	中国
南阳研发中心 生态技术研究院 中央高级研究与工程研究所 韩国蔚山测试场 韩国南阳设计中心 日本技术研究所	起亚美国中心 美国技术研究所 现代美国设计中心 美国技术研究所（底特律） 美国加州测试场 美国加州设计中心	德国技术研究所 欧洲设计中心	现代汽车研发中心 北京现代研发中心 东风悦达起亚研发中心 摩比斯中国冬季测试场

（三）客户服务

现代汽车集团在造好车的同时，更加注重用服务来打动消费者，精耕服务品牌，从生产到经销商，从每个环节强化服务，打造一体化的品牌服务理念。

案例2　现代汽车（中国）投资有限公司

售前服务：售前服务是现代汽车（中国）投资有限公司采用的创新服务程序，旨在帮助客户维护和预防问题，提供免费检查服务。现代汽车集团的技术人员会拜访客户，现场为客户服务，设置提供安全驾驶培训。技术人员会在工作日访问大型企业、公寓楼和公园，并在假期在高速公路休息区域为客户提供服务。

远程诊断技术：现代汽车集团通过培养高素质技师，使用先进的远程诊断技术为客户提供创新的服务，为确保客户获得最好的保养/维修服务，公司建立了全球服务支持中心，提供远程诊断服务并为全球客户提供其他各类支持。同时，公司还推出了下一代维修服务中心，该中心使用更可靠、高效的一站式 IT 技术为客户进行汽车保养服务，并为客户保留服务过程中的详细记录。

二 为绿色而行动

1995 年，现代汽车集团在韩国工厂初步运营环境经营体系，2000～2013 年，现代汽车集团在全球事业领域获得了 ISO14001 环境管理体系认证，完成了"构筑全球环境经营体系"的目标，并通过开发环保汽车、应对气候变化、降低环境影响和开展绿色公益不断完善。

（一）环保汽车的开发和普及

现代汽车一直致力于推广环保汽车。自 2013 年现代汽车全球首次研发生产了氢燃料电池车之后，于 2016 年投入试运行。2015 年 5 月，现代汽车与朝鲜蔚山市合作，共同致力于环保氢燃料电池车的技术开发和产业发展，到 2016 年 4 月，现代汽车持续向蔚山市提供氢燃料电池巴士无偿租赁，通过试运行对巴士的性能和环保性进行了评价。投入试运行的巴士是环保无公害的车辆，无尾气排放，充电一次可行驶 440 公里。

2015 年，现代汽车研发生产的环保汽车累计获得环境国际标准认证 12 种，温室气体排放量认证 15 种，温室气体减少量认证 4 种。

（二）应对气候变化

为了应对气候变化，2011～2014 年现代汽车实行了温室气体目标管理制，从 2015 年开始，参与国家温室气体减排政策。组建温室气体应对小组，对集团公司温室气体排放计划及绩效进行检查。温室气体应对协议体专注于工作场所、建筑物、生产技术等领域，展开了推动能源检查、强化宣传活动、改善高耗能合理使用效率、扩大节能投资、引进能源新技术、共享节能技术等活动。

（三）降低环境影响

现代汽车集团不以牺牲环境为代价谋求企业的发展，通过技术和有效的运营方式提高生产过程中资源和能源使用率，降低对环境的影响。与此同时，现代汽车集团积极推广和应用有助于节能减排的新技术、新工艺、新材料和新产品，实践绿色运营。

1. 有害化学物质管理

现代汽车集团将汽车配件的重量与化学物质信息电算化，并灵活用于国内外各种环境规定。集团 2004 年加入 IMDS 国际材料数据系统，在车辆开发阶段开始评价配件是否符合相关规定；2007 年独立研发出"e-CMS 化学物质管理系统"，在从 IMDS 获得的数据库基础上将 2005 年之后生产的汽车配件相关化学物质信息整理成数据库管理。

现代汽车集团总部 2006 年制定了"四大重金属全球标准"，要求生产的汽车配件与材料中禁止使用四大重金属。2009 年此标准开始在中国等市场实施。集团在全球事业领域积极推进禁止使用臭氧层破坏物质的政策，中国各法人工厂及各合作公司迄今为止没有违反过此类政策规定。

2. 资源循环利用

汽车工业的飞速发展，使大量汽车进入新旧更替期，报废汽车如果没有得到及时处理，将会带来严重的环境和安全问题。现代汽车集团从设计阶段就优先考虑汽车的循环利用性能，使汽

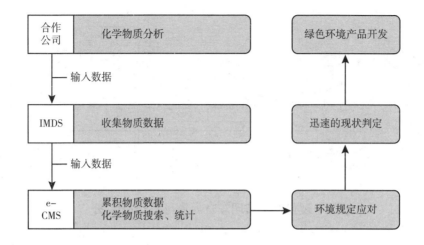

图1 东风悦达起亚（中国）的有害物质管理体系

注：①IMDS：International Material Data System，国际材料数据系统，是汽车产业中关于零件和材料的数据库系统；②e–CMS：e–Chemical Management System，化学物质管理系统。

在生命周期结束时便于回收、拆卸、再加工，实现循环利用。同时，集团实施新车解体容易性评价，研究开发解体容易要素，建立废车循环利用技术研发中心，支持废车回收利用技术研究，积极推进报废汽车回收技术升级和改造等措施，贡献于汽车资源的循环利用（见图2）。

（四）开展绿色公益

现代汽车致力于生态环境保护项目，包括森林恢复、濒危物种保护以及保护生物多样性等绿色公益项目。

1."Green Move 共建绿色社会"项目

现代汽车集团为了防治中国土壤沙化的恶化，自2008年起，开展了"现代绿色空间中国"项目。该项目在中国的沙漠化地区内蒙古查干诺尔地区开展。查干诺尔曾经是个湖区，现如今已干涸成沙

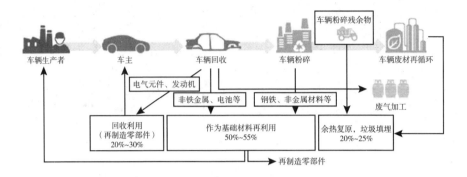

图2　现代汽车集团车辆再循环系统概念图

漠。现代汽车集团在经过实地调研后，在查干诺尔地区播种了适合在盐碱荒漠生长的碱蓬，并为了防止风力侵蚀土壤，建立了防风固沙的木制屏障。在第一期"查干诺尔盐碱干湖治理项目"的六年时间里（2008～2013年），为草原腹地铺上7.5万亩的碱蓬等固沙植被，使查干诺尔湖恢复面积达50平方公里的草场。2014年8月，启动了第二期"正蓝旗宝绍岱诺尔盐碱干湖盆治理"生态治理项目，计划从2014年至2018年完成4000万平方米的植被覆盖。

2．"Go Green Hyundai"项目

自2011年开始，现代汽车与印度当地NGO"TIST印度"联手，启动了在荒地种植柚木的"Go Green Hyundai"项目。与蒂鲁瓦卢尔地区的292家农家签订种植柚木合同，并在此后十年进行维持和管理工作。该项目已成功将320万英亩的荒地变为绿地，2011～2013年共种植了共20万棵树苗。

三　携手创造价值

现代汽车为了与合作企业实现共同成长，在质量、R&D和环境等核心领域，对合作企业的培训、资金、人力等方面进行了支援。现

代汽车设立了共存合作促进团队、R&D 技术支援团队、汽车配件产业振兴财团等组织，专门负责支援合作企业，以此提高全球性竞争力、强化持续成长、建立共同成长系统。

（一）提供技术支援

现代汽车为了提高合作企业的全球竞争力、形成品质竞争力、增强技术开发力，建立了专门组织来支援合作企业。现代汽车设立共存合作促进团队，以企业代表和职员为对象，多次在合作企业内部开展研讨会，促进合作企业 R&D、技术等方面的能力提升；设立汽车配件产业振兴财团，为合作企业提供质量技术及企业经营的培训；设立 R&D 技术支援团队，向合作企业传授现代汽车的 R&D 技术，找出合作企业所存在的问题并进行必要的支援。

（二）提供资金支持

为了推动合作企业持续发展，现代汽车向合作企业提供资金支持，并以帮助合作企业建设工厂等方式，带动合作企业开拓海外市场。现代汽车以合作企业的稳定经营为目标，为中小、中坚合作企业提供现金，帮助其支付货物贷款，并根据合作企业需求提供资金贷款。此外，现代汽车为了扩展合作企业的全球销路，为其在海外建立工厂提供资金支援，并与合作企业共同进军海外市场。如今，现代汽车正在帮助 8 个海外工厂的 600 余家合作企业发展为全球性小强企业。

四　培养现代人才

现代汽车坚持以人为本的经营理念，尊重、信任员工，注重优秀人才的培养和职业发展体系的建立。此外，现代汽车为了提高员工的业务水平，通过轮岗项目，为职员提供适合自身的职位，以及适合其个人能力和业务领域的HRD（Human Resources Development，人力资源开发）项目。

（一）尊重员工多样化

现代汽车在开展海外经营活动中，尊重成员的多样性，坚持制定多样化的人事政策；通过本地化招聘，扩大海外员工的就职率；注重有创新力和发展潜力的人才，并致力于女性人才的培养与重用。

（二）多样化培训项目

为了全球各领域领导人能够更好地履行职责，现代汽车提供了各种相关的培训项目，包括领导力培训、业务培训、演讲能力培训项目等。同时，现代汽车积极培育海外法人人才，以当地的新任雇员为对象，通过对其进行有关公司、文化、业务等方面的培训，全面提高海外员工的业务能力。除此之外，为了培育全球商务领导的候选人，现代汽车启动了海外法人优秀人才项目。此项目长达三年，分三阶段运营，通过商务基本理论及知识培训，加强海外员工的业务水平及领导能力。

案例3　北京现代建立完善的员工培训体系

秉持"使培训成为员工成长的阶梯，企业发展的助推器"的理念，北京现代结合公司内外部资源，建立了完善的员工培训体系，对不同层级员工制订了差异化的培训方案及培训课程体系，并通过工作中培训、网络商学院、外派培训、见习基地等培训形式，满足员工多样化的职业发展需求。2015年，共计10867人次参加一级培训，管理层培训人均99学时，职员一级培训人均108学时，工人一级培训人均41学时。

为提升员工培训效果，北京现代开发了内训师队伍建设项目，以员工向员工授课的方式，提升员工综合素质水平。截止到2015年，北京现代共开展内训师培养项目，累计培养114名内训师；累计开发32门通用管理类课程，其中24门课程及68名认证内训师已应用在新员工入职培训、班组长培训、部门培训等领域。

（三）循环轮岗项目

现代汽车为了加强员工对公司各部门业务的熟悉程度，开展了职位轮岗制度和优秀人才轮岗项目。职位轮岗制度是在现代汽车本部实行的一种制度，该制度不仅能够通过提高部门间合作、培养综合型人才来提高员工业务能力，还为员工提供了自由选择岗位的机会。此外，现代汽车还将优秀的员工分配到各个海外部门，协助其他法人职员的业务。在过去的几年中，共有199名优秀人才参与进来。此项目不仅确立了全球性经营体系，也对加速提高各法人的专业性及业务水平起到了巨大的积极作用。

五　助建和谐社会

现代汽车将"携手共进的世界"作为社会公益的口号，开展了多领域、符合各地区特点的社会公益项目。现代汽车的社会公益项目分为六个板块，包括为弱势群体改善交通出行条件的 Easy Move、为儿童普及交通安全知识的 Safe Move、应对环境保护及气候变化的 Green Move、支持员工参与社会公益活动的 Happy Move、提供生计型车辆共享的 Dream Move 和消除落后国家教育不平衡的 Next Move（见表1）。

表2 现代汽车的社会公益项目

公益项目名称	针对对象	活动内容
Easy Move	残障人士、老人、儿童和孕妇等行动不便的弱势群体	向全球社会福利机构提供现代汽车车辆和移动福利项目费用
Safe Move	低年级及未入学儿童	制作交通安全教育用动画,组织儿童参与交通安全教室、交通公园、安全问答大会等活动
Green Move	保护灭种危机的动植物、保护地球未来的健康	环保汽车的宣传、教育活动;各项生态保护项目
Happy Move	全球青年服务团成员	全球青年服务团成员将在假期被派遣到海外各国,开展地区服务、文化服务、环境服务、交通安全服务等活动
Dream Move	需要车辆的商人、无职业者	除了提供车辆之外,还提供创业资金、经营咨询等援助,帮助低收入家庭依靠汽车达到经济独立
Next Move	教育资源稀缺、不平衡的国家	与 KOICA 和 Plan International Korea 等共同成立了"现代 KOICA 梦想中心",2013~2016 年,先后在非洲加纳、印度尼西亚、柬埔寨、越南建立汽车工业高等学校——现代 KOICA 梦想中心

此外,现代汽车通过海外公司在全球范围内积极开展符合当地特色的社会公益活动,其中现代汽车在中国的主要社会活动见表3。

表3 现代汽车在中国的主要社会活动

交通安全活动
现代汽车集团、韩国 EBS 电视台及 ROI VISUAL 等共同制作的《珀利儿童交通安全教育片》于中国 CCTV - 14 套登陆。现代汽车希望通过"珀利交通安全项目"能让小朋友们在更轻松的环境中接触到交通安全知识,起到寓教于乐的积极作用

	**儿童交通安全体验馆——Kids Auto Park** 儿童交通安全体验馆由东风悦达起亚汽车有限公司和盐城市政府在江苏盐城共同建设。该体验馆是目前中国唯一专门用于儿童交通安全教育与体验的免费场馆。场馆规划占地规模 6500 平方米以上,主要分为汽车模拟体验馆、汽车体验及驾驶证考试区、汽车展区三大部分。馆内设置有全景道路交通环境模拟驾驶、视角盲区体验、3D 视频和安全带碰撞教育系统等,通过体验馆培训,培养儿童交通安全意识
	**"起亚家园"** "起亚家园"是现代汽车集团全球社会贡献体系 HAPPY MOVE 中的重点项目。该项目通过捐款及组织青年志愿者为中国南方灾区及贫困地区居民建设高质量住宅,以改善当地居住的环境,并培养年轻一代的社会责任感及交流、组织、创新等能力。"起亚家园"自 2009 年在中国启动至今,已成功开展了 13 期,为四川灾区、广东、浙江、江苏等地的贫困地区援建了 137 所房屋,参与活动的中韩志愿者人数达到 1790 名,极大地改善了受助地区群众的居住条件
	**"梦想之屋"** 自 2011 年 2 月开始,现代汽车先后在贵州、吉林、广西、云南等 24 个地区举办了"梦想之屋"系列公益活动。该活动由企业、经销商、车主、媒体四方共同参与,选择当地教育设施较落后的贫困小学,为该校捐赠图书及文体用品、硬件设施(电脑、投影、电视等),并建设现代汽车"梦想之屋"——多功能教室,为学生创造更好的学习环境,帮助他们实现人生"梦想"。根据计划,活动逐年加大力度,扩大捐助范围,未来将在全国范围内建立 100 个现代汽车"梦想之星"

续表

	青少年工学教室 "青少面工学教室"是现代摩比斯在韩国开展的面向全国小学生从小培养科技梦想而设立的社会公益活动。2014年引入中国,初期面向北京、上海、江苏等地的小学生,教授制作汽车模型

2015 年,现代汽车的社会公益活动的投资费用达到 7000 万元,参与服务活动的员工人数为 24499 名,服务活动总时长为 166912 小时。

B.10
LG 化学

——创造社会价值，实现可持续经营

摘　要：　为了更好地履行社会责任，LG 化学坚持"为顾客创造价值"的经营理念，以"Sustainable Chemistry for Human and Environment"作为企业愿景，从经济、环境、社会等层面履行对社会和利益相关方的责任。LG 化学以伦理和共生经营为基础，实施人才经营战略，实现自身的可持续发展。尤其是在环境保护和公益慈善方面，LG 化学积极承担社会责任，通过革新和技术开发实践安全保健环境经营；通过"LG 社会基金"平台致力于青少年教育领域的发展，为社会创造更多的贡献。

关键词：　伦理经营　人才战略　环境安全　共生经营　LG 社会基金

LG 化学自 1947 年创立以来，坚持"为顾客创造价值"的经营理念，致力于创造体现差异化价值的产品，用卓越的品质感动顾客，不断地进行技术开发、产品更新和品质创新，保持稳定增长，为可持续经营做出了突出的贡献，是韩国最具代表性的化学企业。

目前，LG 化学不仅在韩国，还在世界各主要地区建立了销售和研发网络，并以全世界为目标扩大业务领域。LG 化学自 1995 年进入中国以来，先后建立了 11 家生产法人、8 家分公司，同时建立 1 家技术中心，并在香港设立销售法人。为实现中国地区事业的快速增长，LG 化学于 2004 年在北京设立中国地区总部，即"LG 化学（中国）投资有限公司"，在全公司范围内提供战略支持和运营管理。LG 化学（中国）在加强现有事业竞争力的同时谋求新事业的增长，通过贯彻本地化战略，努力成为与中国共同发展的、引领中国市场的模范企业。

为促使社会责任工作得到有效贯彻和推进，LG 化学社会责任工作由韩国总部 CSR 部门统一管理，LG 化学（中国）投资有限公司总务部门负责 LG 化学在中国地区的社会责任工作统筹、协调与推进，包括制定社会责任规划和年度发展计划，开展社会责任研究、培训和交流，编制和发布公司年度社会责任报告，各业务部门结合自身职能定位负责各自板块 CSR 工作。LG 化学中国地区各法人设置了 CSR 的责任者与联络窗口，负责协调推动企业社会责任工作，重视与利益相关方的沟通，将相关诉求转化为公司社会责任行动目标和方案，切实加强自身能力建设，并通过各种渠道和途径，向利益相关方传播公司责任理念及履责动态，努力满足各方合理的期望与要求。

LG 化学坚持以"Sustainable Chemistry for Human and Environment"为可持续经营愿景，坚持伦理经营，在全球范围内推进人才经营战略，致力于产品安全和环境保护事业，实现与利益相关方的共生经营，通过社会贡献活动创造社会价值。

一 秉承伦理和共生，实现可持续经营

（一）坚持伦理经营

正道经营是以伦理经营为基础，不断培养实力，正当获胜的 LG

独有的行动原则。LG 化学高层对正道经营非常重视，要求所有员工及合作企业共同遵守并制定了伦理规范。伦理规范的具体内容被载在 LG 正道经营网页上，并在网上设立举报系统来检举收受利益相关方酬谢、招投标不透明、企业资产非法使用、文件伪造与虚报等违背正道经营的行为。在中国，LG 化学设立了专门负责中国正道经营的部门，促进适合中国国情的正道经营活动和正道经营运营体制。

守法经营是指建立守法的业务体系。LG 化学理事会选任统筹守法合规负责人，由守法合规负责人管理守法活动，并履行对企业和人员的监督。法律事务部门专设债权和守法组，并对有违法可能性的企业进行调查并提出改进措施。

（二）坚持共生经营

LG 化学以"正道经营"营造公正交易文化，与合作伙伴共同成长。为此，LG 化学设有以 CEO 为委员长，对外协力负责人、技术研究院、科技中心、产业本部等 12 名主要高级管理人员参与的共同成长促进委员会。LG 化学向合作企业提供金融、技术、教育、市场等多方面的支援与协作，为中小企业提供资金和技术的援助从而提高能源利用效率，促进与合作企业的"能源同伴成长"来减少能源和温室气体排放量，引导合作企业在降低费用的同时履行社会责任。

二 开展人才经营战略，促进人才交流和培养

（一）多样化的培训形式

LG 化学以"人才是差别化竞争力的来源"为基础，制定了符合企业目标与战略的人才经营战略。目的在于培育未来型事业家，提高员工的专业性和领导能力。LG 化学建立了劳资合作模式，实现劳动

者和经营者相互尊重和平等的关系。

首先，市场先导型能力强化。为了培养具有领导力的人才引导未来市场，LG 化学实施了以未来事业部长候选人库、新一代全球化事业领导人、HPI（High Potential Individual）为对象的培育活动。2015年，为了培养中国地区的新一代领导者，LG 化学首次建立了教育体系，实施一年的教育课程，并对此进行了个人领导影响力的总结及分析。未来，LG 化学还计划实行与国内教育相衔接的、持续性的一年制教育。同时，为提高不同职务需要的领导力，以各职级员工为对象每年进行领导力教育活动。2015 年，进行了以"执行领导力"为主题、全公司 Team 长为对象的领导力培养活动。今后，LG 化学还将开发出更多样主题的领导力培养课程，提高员工的领导力。

其次，提高员工的职务专门性。LG 化学为了提高新入员工专门性，运营了教育课程和"LG Chem Academy"，新入员工教育课程由最初的 9 个职务教育逐渐形成了包括一般及共同课程在内的共 12 个课程的教育体系，还建立了 e-learning/Mobile Learning 体系，提供不受时间与空间限制的网上教育课程。

最后，LG 化学为成功扩展全球事业提出了强化全球职务能力的主张。以中国、印度、巴西、俄罗斯等战略国家为中心运营了地区专家培养项目，此项目由语言学习、市场调研等构成，以促进当地员工具备工作上必需的核心能力。截至 2015 年，已有 12 个国家的 150 人修读了地区专家培养项目。不仅如此，LG 化学还将海外核心人员邀请到韩国总部进行以事业战略为主要内容的全球化 HPI 教育，并针对当地员工进行一系列的韩语教育课程。同时，还将 LG 化学产品手册用当地语言制作并发布，来强化海外员工的业务处理能力。在以中国为中心的海外地区实现企业人才的本地化发展，将韩国国内的外国留学生及国外的韩国留学生作为重点培养对象，与优秀大学、专业、学者进行产学研合作以吸引更多优秀的研究及开发人才。

（二）保障员工权益

在劳资关系上，保障了员工的结社自由与劳动权。在企业经营的层面上，透明、公开经营的方式提高了成员的价值；在生产层面上，强化了团队合作和确保生产能力；在团体交涉层面上，建立了以合理的劳资关系为基础的建设性劳资合作；在福利制度上，LG 化学为员工提供多种形式的福利制度，包括固定福利（固定收益养老金）和规定缴费制等退休金制度，保障员工稳定健康的生活。为了给员工创造一个可沉浸式的工作环境，LG 化学开设了员工帮助计划系统（On-line EAP），为健康、理财、减压等在职场和家庭中可能发生的各种问题提供支援。另外，LG 化学重视优秀女性人才并扩大女性人才的比重。为了给女性提供舒适的工作环境，设立了"工作女性中心"和 Life Cycle（分娩、怀孕、育儿）系统，给予女性员工享受产假与哺乳室，育儿过程中还可享受育婴假和职场托儿所。

三　推行安全健康环境政策，呵护绿色生态

（一）设立安全保障环境委员会

LG 化学将经营理念与企业的安全健康环境经营战略相结合。企业的安全健康环境战略是依据 ISO 14001、OHSAS 18001、KOSHA 18001 等全球性安全环境经营体系设立的，并在得到第三方认证的前提下持续改善目标与政策。另外 LG 化学以国际性安全健康环境项目为基础整合并运营各种系统，对项目活动进行更有效率的改善。

为实现安全环境"零事故"的目标，LG 化学设立了安全保障环境委员会，每年举行两次会议，会议参与者为各经营单位（子公司）的安全环境部门部长，并讨论企业内外的议题与模范案例，制订方案

与计划，以此来保障环境经营程序的顺利进行。

为保障员工的健康与安全，LG 化学还设立安全保障环境委员会，由劳资双方人员构成，共同讨论有关安全保障的重要事项。LG 化学为提供原材料与配件的合伙企业构建各自的环境管理体系，并将"绿色供应链管理标准"普及到各个供应链上，引导合作企业减少有害物质的排放量。2015 年 3 月至 10 月，LG 化学将劳动部与安全保障公团的产业预防政策落实到以 7 个经营单位（子公司）为对象的合作企业的产业灾害预防协作活动上。该活动包括对合伙企业的安全指数评价教育与安全要素的改进、KOSHA18001 认证咨询。2016 年，LG 化学对危险系数高的设备进行事前诊断计划，强化预防体制，同时还计划建立关于中国政府和各地方安全环境标准的法规管理系统。

（二）以技术革新积极应对能源与气候变化

LG 化学致力于积极应对能源与温室气体的重要议题，开展环保绿色项目，努力通过高增值产品生产与能源低消费产品的生产构造而减少温室气体的排放量。为了强化温室气体管理体系，LG 化学专设"能源委员会总部"，经营人员与经营单位（子公司）通过此委员会进行技术交流和沟通，从而减少温室气体的排放。总委员会下设各个经营单位（子公司）的子委员会，强化组织间的沟通。为减少能源排放，LG 化学研发了废热回收体系，利用洁净式空气调节除湿器和蓄热式焚烧炉技术提高了能源利用效率并减少了温室气体排放量。LG 化学采用水质目标管理体系，通过减少用水使用量的方法引进废水再利用系统，减少废水的排放量并提高再利用率。

截至 2015 年，LG 化学（甬兴）①共建成和投入使用三套污水处理装置，污水处理能力达到 5000 立方米/天。这三套污水处理装置都通

---

① LG 化学（甬兴）是 LG 化学与宁波甬兴化工有限公司的合资公司。

过生物技术处理废水，即使用硝化细菌来分解废水中的有机物质。

为了更加有效和稳定地运行污水处理装置，LG 化学（甬兴）打破通过第三方公司检测水样的常规，在公司内部建立了自己的污水水样检测实验室，通过培训自己的员工如何取样和观察污水池中的指示性生物，做到了可以提前感知和准确判断硝化细菌的生存状态。

仅仅及时发现异常还远远不够，为了能够迅速替代死亡的硝化细菌，LG 化学（甬兴）突破技术难关，实现了在工厂内自行培养硝化微生物，可以在异常情况下直接投入污水生化处理系统中，维持系统的稳定运行，确保出水 COD 和氨氮稳定达到国家二级排放标准。实际上，公司内部早就以国家标准排放量 70% 的更高标准要求自己。

LG 化学（甬兴）总是通过持续不断地改善，确保自己始终走在环保的前沿。2015 年，LG 化学（甬兴）投入 4000 多万元新购置 4 万多平方米土地，计划全部用于建造环保设施。2016 年，LG 化学（甬兴）继续投资 3000 多万元用于购置、建造总氮处理装置、应急水池等。

LG 化学（甬兴）在生产过程中与环境有关的因素，都会及时传送到公司的综合防灾控制系统和当地环保部门的在线监测系统。综合防灾控制室内 24 小时有员工当班，一旦出现异常就会第一时间通知现场操作人员处理，而环保部门也可以随时获得 LG 化学（甬兴）三废处理相关的实时数据，如此透明化的环境危害因素治理过程，确保了稳定的环境治理效果。

（三）强化产品安全，维护生态环境

LG 化学努力构建产品绿色全生命周期管理，树立从采购、生产、运输、使用等不同阶段的应对措施，以降低对环境的影响。

作为一家全球性化学工业企业，LG 化学使用的化学品种类众多，每一种化学品如果使用不当均有可能给工作环境、员工健康、工厂安全带来不利影响。为加强对化学品的管理，LG 化学从采购源头厘清所采购的化学品的理化性质、健康危害、安全特性、应急处置措施等信息。LG 化学在采购原辅材料前对供应商进行严格的资质审核，优先采购通过 ISO14000 认证供应商的产品，同时 LG 化学对原材料中铅、汞、镉等 6 种有害物质含量制定严于欧盟 ROHS 标准的含量要求，对不能满足 LG 化学有害物质要求的原材料不采购，极大地降低了产品的环境风险，确保产品绿色环保。

LG 化学中国地区从 2015 年 12 月中旬开始实施成分调查工作，即在采购之前对原辅材料和化学品的有害物质成分进行调查，要求供应商在系统上提交资材成分信息、资材安全数据信息，由各法人安环责任人对资材安全性进行把控。目前，LG 化学中国地区已完成数百种原辅材料和化学品的成分调查工作，而对于危害不明及风险性高的资材也进行锁单处理，停止采购，最终实现化学品的"采购有把控、储存有监管、使用有防护、废弃有处置"的全过程管理。

在产品生产环节，LG 化学注重节能减排、水资源管理、温室气体减排等，切实做到降低产品生产过程中对环境的负荷。LG 化学始终关注公司产品对环境与卫生会引发的不利影响，对此负有极大的责任感，为减少产品对环境带来的不利影响不断研究解决方法。不仅如此，LG 化学不断开展在未来新事业方面的技术研究，生产能够节能环保的下一代先进材料及产品，持续提高环保产品的比重。

四 积极投身公益事业，创造社会价值

LG 化学利用"LG 社会基金"平台，支持国内社会性经济组织，发掘在环保领域有成长潜力与公益性的社会性经济组织并提供财政、教育、组织网络化研讨会，以此营造良性企业生态链。

（一）关爱青少年的健康成长

LG 化学长期致力于"青少年关爱"的社会贡献活动，LG 化学

通过与 NGO 等社会性经济组织的合作解决社会和环境问题并创造社会价值，希望青少年意识到化学与环境问题的重要性并向青少年提供更多教育资源，并按照地域特征开展培育人才的教育活动，包括爱心学校工程、"魅力化学"实验课堂、奖学金事业等公益项目，鼓励员工开展志愿服务活动，走进社区、走进学校为青少年讲解化学知识，拓展青少年的知识领域，激发青少年对化学的探索和热情，为中国青少年科技创新活动的发展进步做贡献。

（二）改善基础设施

LG 化学针对发展中国家的青少年实施海外图书馆事业。2014年，为越南胡志明市的一所小学及 HUMANITARIAN 职业技术学校捐建了图书馆，购置了电脑、大型电视、投影仪等多媒体设备来改善教育环境。

从 2010 年开始，LG 化学在中国地区帮助改善学校的基础设施建设，在河北、重庆等地小学完成了 15 所"爱心学校工程"的援建。此外，LG 化学在中国地区的社区贡献活动还涵盖了针对地区内贫困户的援助及地区发展活动，包括诸如面向老年人、残疾人、留守儿童等社会弱势群体的帮扶活动、援建当地基础设施等。

今后，LG 化学将继续履行对利益相关方的承诺，在追求自身效益的同时，通过负责任的经营方式实现社会价值，努力成为备受尊敬的企业。同时坚定不移地执行"领先于市场"的理念，强化科技创新，履行"Solution Partner"的专业解决方案，为客户提供差异化的优势产品和服务；加大安全健康环境运营力度，积极应对气候变化，努力营造成为中国石油化工行业安全环保典范企业；携手员工与合作伙伴，共同推进事业经营，促进共同成长；继续深化在青少年关爱、社区贡献和绿色环保三大领域的公益实践活动，使更多的利益相关方参与志愿者活动，为社会和谐贡献力量。

B.11
浦项

——资源创造价值，责任引领未来

摘　要：　浦项作为全球最大的钢铁制造厂商之一，秉承"与利益相关人建立信赖关系并开展经营活动，为顾客和社会提供可持续解决方案"的可持续经营政策，在全球各地积极履行社会责任。浦项通过伦理经营规范自身管理，以先进的理念为海外员工提供系统的培训课程，实现 Global One POSCO。同时以"实现引领低碳绿色成长的环境经营的全球标准"为目标，致力于保护动植物和绿色生产。通过与中小企业、供应商等合作，实现海外业务的共同发展。浦项以社会贡献蓝图为引领，在越南、印尼、乌兰巴托、中国等地开展公益慈善活动，为实现"向着更加美好的世界"而不断努力。

关键词：　伦理经营　POSCO G Talk　Family 环境经营方针　共生经营

浦项（POSCO）成立于 1968 年，拥有单一工厂规模为世界最大的浦项制铁所和光阳制铁所，生产热轧、冷轧、不锈钢等钢铁材料。浦项业务涉及钢铁、E&C、IT、新能源、新材料等领域，210 余个子公司遍布全球 9 个地区。公司组织包括 CEO 下属的价值经营室、技术研究院以及钢铁业务总部、钢铁生产总部、财务投资总部、经营建设部等四个部门。浦项通过在中国、越南、印尼、中南美洲等地区投资建厂，积极推进全球 5000 万吨生产体系的构建。完善的生产体系，稳定的原料供应，覆盖广泛的产品销售网络，共同奠定了浦项在全球综合钢铁企业中的领先地位。

浦项（中国）投资有限公司（POSCO-China）自 2003 年成立以来，作为全面负责浦项中国境内业务的中国区总部，为浦项旗下的中国投资法人提供人事、劳务、培训、革新、财务、法务以及技术交流等企业经营活动相关的业务支援。浦项（中国）通过北京、上海、广州等全国范围的销售网络，面向国内外销售钢铁产品，并负责钢铁产品所需的燃料、原料、设备采购等贸易业务。此外浦项（中国）负责推进在中国各大钢铁公司、政府机构和社会团体，在技术合作、事业合资、信息等方面的广泛交流与合作，为中韩钢铁产业的共同发展发挥积极作用，切实履行浦项中国事业"Control Tower"的职能。

浦项把可持续定义为"在环境及社会性责任的基础上，成就经济业绩"，树立"基于与利益相关者的信赖，开展负责任的经营活动，为客户与社会提供可持续的解决方案"的可持续经营政策，力争成为深受全世界用户爱戴的企业，为社会的共存与繁荣做出贡献。

一　伦理经营

浦项致力于实现负责任的经营，严格遵守符合国际标准的伦理规范、安全保健政策、人权政策等可持续经营政策。浦项是韩国最早制定并实行"海外防腐败遵守指南"的公司，加强遵守全球反腐败法规及标准。浦项的出资公司与海外法人也同样遵守伦理规范与海外防腐法（Foreign Corrupt Practices Act，FCPA）并运行遵守指南，每年海外法人的职员也要签署遵守伦理规范的誓约。此外，"伦理实践特别条款"规定合伙企业、供应商与浦项之间需相互尊重并遵守伦理规范。

在浦项，伦理经营理念不是高层与高层之间的约定，上到公司领导人，下到公司基层操作工人都深受伦理经营理念影响。公司领导者在经营活动中以身作则，不断强调遵守法律和伦理规范，逐渐培养了员工诚信、廉洁的价值观，形成了正道经营、建设廉洁的企业作风。2015年，浦项（中国）正式运营的伦理咨询系统的建立，更是将浦项伦理经营推向新高度。

浦项严格遵守 UN Global Compact、OECD 多国企业准则、ISO26000 等国际通用可持续经营准则。作为联合国全球协议会员公司，尊重联合国全球协议对人权及劳动的原则，检验实现人权经营所需的原则，为了准确掌握低风险因素，开发检查清单，实施了"海外法人人权经营自行检验"，在检查出非伦理、反人权、腐败行为时，通过由专家组成的调查组来解决问题。

二 人才战略

浦项还树立了培养海外员工的经营理念，由具有海外法人工作经验的 HR、财务、品质、营销领域的内部讲师构成一个专业团队。该团队和海外员工或者是预定派遣到海外的员工一起分享海外业务与生活技巧，通过事前事后教育，确立了一个比较体系化的海外事物与生活形式，挖掘并宣传其中的优秀案例。

2015年，浦项集团根据全球力量强化政策及战略，加强了海外当地支援的培训体系，旨在实现 Global One POSCO。为了提高海外法人的 HRD 能力，浦项开发了国际标准配套课程"POSCO G Talk"（Global Teaching and Learning Kit）。课程包括教材、教案、视频等讲课和学习所需的资料，由经营哲学、领导能力、一般经营、钢铁生产流程、产品知识等 17 个课程构成，并翻译成英文、中文和日文三个版本。"POSCO G Talk"是由浦项人才创作院和实际工作部门共同合作,通过挖掘开发法人优秀事例等形式制定的,翻译过程中也有优秀职员参与进来,完善了课程。浦项人才创作院计划与海外当地职员共享浦项的经营理念,并致力于实现"POSCO the Great"。

浦项中国法人公司以发展人才为原则,将岗位体系依据岗位特性分成管理职群、专业职群、技能职群、行政职群,每个职群内部和职群之间设置明确的成长路径。2015年,浦项新引入适用于全体员工的标准化职级体系——统合职级系统,根据个人能力和成就在集团层面上被赋予职级,向所有员工赋予均等机会;浦项中国法人公司针对不同职级员工构筑有针对性、定制化的培训体系,为员工搭建多元化培训平台。2015年员工培训体系进一步细化,实现课程内容、师资力量和培训流程的突破。2015年浦项的员工培育实现了97.81%的覆盖面,人均培训时间达46.93小时,真正实现了人才培训广覆盖。

三 环境

(一)环境经营方针

浦项于2010年12月宣布了"POSCO Family环境经营方针",并与国内外子公司、供应商、外包合作企业构建环境经营体系。浦项以"实现引领低碳绿色成长的环境经营的全球标准"为目标,提出了"构建整合环境经营体系、加强环境风险应对能力、开放型沟通"三个战略。

为了实现目标与战略,浦项设立了以CEO为首,由国内外子公司、外包合作商、供应商的干部组成的环境经营委员会,每年定期举办会议,审查环境经营成果并分析国内外环境经营趋向。环境经营委员会联合制铁所、国内外法人、供应商,并通过环境经营负责人参与的环境经营事务委员会进行定期的检查与审核。此外，浦项经营研究所（POSRI）、浦项产业科学研究院（RIST）等国内外研究机关，携手分析国内外政策和经营方向，开发环保技术。

（二）环境交流

浦项的环境经营项目包括环境教育、环境信息交流会等多种形式。浦项积极参加国内外可持续发展领域的各种活动，除了与钢铁企业之间交流，还重视和各领域的企业开展合作，引领全球企业绿色成长。在海外，浦项与世界钢铁协会环境政策协会，和世界钢铁公司一起应对环境、气候变化并交流相关信息；与东南亚钢铁协会环境政策部门分享钢铁公司的环境情况与气候变化应对技术。

（三）生物多样性

浦项深刻认识到保护生物物种多样性的重要性，携手国内外工厂及政府、地区居民开展各种活动。尤其是将焦点对准了海洋保护、海洋生态系统复原及海洋净化活动。在日本，整顿森林，去除杂草，致力于打造一个让人"流连忘返的森林"；在中国，与政府合作推进绿化事业，建造"浦项林"，给中国市民和游客创造出一片绿地；在美国加利福尼亚，浦项为保护地区树种，开展了生态植物保护花坛的修复工作；在巴西的CSP地区，构建多达90余种的野生动物与植物保护园区，并为保护生物多样性开始了造林事业。在墨西哥，浦项将在工厂周边地区发现的濒危动植物移送到更适合的环境中等。浦项在全球各地都在为保护动植物做出了不懈努力。

（四）绿色商业

2009年起，浦项ICT开展济州岛智能电网的实证课题，开发了2MW级能源储藏系统（Energy Storage System，ESS），正式开始智能电网事业。ESS 是实现智能电网①的主要技术之一，将新再生能源等发电所里盈余的电力或费用低的夜间电力储藏起来，到用电高峰期时再使用，可以节省能源费用。2014 年浦项 ICT 给 LG 化学梧仓工厂和浦项中心供应 ESS，还参与将此与太阳能发电连接的独立电力网（Microgrid）构筑事业。2014 年 12 月年均 144MW 容量的 ESS 制作和可以试验的国内最大规模 ESS 试验中心竣工。2015 年，浦项 ICT 与韩国电力一起在非洲莫桑比克建造由太阳能发电和 ESS 构成的能源自我供给型村庄，向 50 户家庭和学校供应电力。自 2016 年开始，以电力供应不足的发展中国家为对象，积极推进构建独立电力网事业。

四　共生经营

（一）解决方案式营销

为满足客户对开发、评价、使用产品的要求，浦项在发展过程中不断提升解决问题的能力。2014 年，浦项正式升级 EVI 概念，提出"解决方案式营销"，旨在通过整合技术支援和营销向用户提供所需的解决方案并实现用户价值协同扩大；与此同时，公司设立 Technical Service Center，更近距离地为客户提供解决方案。2015 年，"解决方案式营销"的定义增加了与顾客建立亲密关系，即将最高性能钢材（WP）和利用技术、商业支援、感动客户相结合，构筑信赖感，从而实现感动顾客的 Human Solution，形成更全面更进化的 Solution Marketing。浦项（中国）自成为上海拖拉机内燃机有限公司

---

① 智能电网是在已有的电力网上结合信息技术（IT）、电力供应方和消费者之间进行双向信息交换，是使能源效率最优化的新一代智能型电力网。

供应商以来，积极配合其开发适应新车型新项目的模具。公司成立并培养具有职业化技能的模具团队，全流程参与，包括委托加工、技术支持到整个冲压件的开发。每一个模具，都有一张属于它的"身份证"，由负责开发者全权负责维护。

（二）同伴成长

浦项不断推进与中小企业的共生与发展，并将"Win-Win for the Great"定为共同发展愿景。20世纪90年代末开始，浦项开展与中小企业的同伴成长项目，并在2005年6月设立了专门负责中小企业的支援组织。浦项有固有的共同成长体系，包括同伴成长品牌项目、金融支持、技术合作、合作能力提升、咨询及教育、创造工作岗位以及加强沟通等领域的32个项目。在海外，浦项在其全球网络基础上与中小零部件企业设立了 Joint Venture，致力于海外经营中的共同发展。2015年，浦项与4家公司设立了 Joint Venture。

（三）供应商行为规范

另外，2010年6月浦项制定了供应商行为规范，共同担负企业应尽的社会责任和义务。规范规定了与浦项进行交易的供应商所要遵守的基本原则。供应商一定要通过浦项电子商务系统 e-procurement（www. steel-n. com）进行电子签名，才可以和浦项进行交易。浦项为提高 POSCO Family 供应链竞争力，还构建了供应商评价体系（Supplier Relationship Management，SRM），定期分析评价供应商并发表报告。SRM 有信用、价格、品质、交货期限、合作程度、安全/环境等评价项目，其中包括了经济、社会、环境等 CSR 要素内容。供应商的评价等级分为优秀、良好、差三个等级，给予长期得到差评的供应商以限制竞标，停止交易等惩罚措施，优秀供应商则在重要的签约中享受优先权，免除缴纳各种保证金等优惠条件。

五 社会贡献

浦项自创立初期起，就将"为国家发展做出贡献"作为企业使命，一直在努力推进各种社会公益活动，如今浦项与 POSCO Family 公司一起为了实现"向着更加美好的世界"的目标，而孜孜不倦地努力。

图 1

（一）基础设施建设

1. 为火灾受害家庭捐赠房屋

发挥钢铁业务领域中的专业性，2009 年开始，浦项开展以火灾受害家庭为对象，建造并赠予钢铁房屋（steelhouse）的活动。以环保材料和抗震设计，保障住房的安全性、耐久性、坚固性，帮助受害家庭尽快恢复稳定的日常生活。截至目前，共有 16 个火灾受害家庭获赠浦项的 steelhouse。在海外贫困地区，浦项也在积极推进 steelhouse 公益活动。

2. POSCO 钢铁大桥

POSCO 越南位于巴地头顿省，该地区的桥梁安全情况较差，特别是在雨季，存在很大的安全隐患，有儿童安全事故危险和货物通行限制。为了解决这些问题，浦项集团公司建立了"POSCO 钢铁大桥"。该大桥由 POSCO A&C 负责设计，利用 POSCO SS-VINA 越南当地生产的钢铁。POSCO 钢铁大桥的建立，保障了儿童和村民的安全出行，为当地村庄发展做出贡献。

3. 改善能源贫困阶层的居住环境

浦项与 POSMATE、浦项能源等集团员工共同组建 CLEAM Home 服务队，为低收入阶层（能源贫困阶层）定期进行居住环境改善活动。为低收入家庭减少能源购买费用，提高能源效率，持续开展铺地板、刷墙，家具维修等义工活动。

4. 越南浦项村庄建设（POSCO Village）

2014 年开始，浦项在越南头顿省新城县地区，以低收入家庭为对象，与当地政府携手推进浦项村庄（POSCO Village）建设项目，为当地村民建设 104 套房屋，改善村民居住环境。项目由当地的浦项集团法人的员工及浦项大学生服务团（Beyond）参与房屋建造，由 POSCO A&C 参与住宅设计，屋顶等部分房屋结构使用钢材，力求住宅功能极大化。

（二）教育与培训

1. 教育援助

浦项（中国）与浦项青岩财团进行 ASIA Fellowship 奖学金合作，

2003～2015 年，向北京大学、清华大学等中国高校的 915 名优秀大学生发放了奖学金。ZPSS（张家港浦项不锈钢有限公司）在沙钢工学院、南京理工大学等院校设立"浦项张家港优秀人才奖学金""浦项江苏省优秀人才奖学金"，鼓励有潜力的优秀学子成长为引领社会发展的顶尖人才。

2. 莫桑比克农业培训院

2011 年，浦项与 KOICA 在莫桑比克建设了农业培训院，每年培养 30 名农业专家（选择男女生各 15 名），开展为期 1 年的农业理论、各种农机械使用、养鸡场运营等课程，截至 2013 年培养 120 名农业专家，帮助当地农村发展。

（三）性别平等

为了提供多元文化家庭女性（结婚移民）教育和工作岗位，帮助她们在韩国社会稳定生活，取得经济独立，2015 年起，浦项与社会性企业网络（SESNet）一起开始了创业支援事业。通过新型创业教育及创业资金支援缓解了多元文化女性工作稳定性较差、工作时间受限制、经济稳定性相对较弱等就业问题，并为她们提供培训课程，助力多元文化家庭女性事业发展。

（四）医疗支持

从 2007 年开始，浦项在蒙古国为了改善地区的医疗环境，为乌兰巴托外围地区的村民实行免费诊疗，并邀请蒙古医疗团队到韩国进行研修。2015 年，浦项邀请了 2 名蒙古医疗人员到韩国进行研修，并为当地 1390 人开展专业讲座，对乌兰巴托外围地区的 322 名村民分季度提供了免费诊疗活动。2015 年 6 月，浦项支援蒙古国医疗图书馆开馆，为当地医疗知识普及助一臂之力。

（五）文化扶持

浦项（中国）与吉林省龙井市政府缔结了姐妹关系，于 2011 年共同设立了"浦项 - 龙井公益基金"，旨在支持民族文化的传承与发展，每年出资 20 万元人民币，共持续 5 年。2013 年 9 月，龙井千人演奏伽倻琴挑战吉尼斯世界纪录取得成功，"浦项 - 龙井公益基金"在民族文化传承及发扬方面，实现了阶段性的丰硕成果。

（六）志愿服务

浦项集团全球各地员工通过具有行业特点的奉献活动，向全世界传播温暖的分享。浦项自 2010 年起，每年都会在浦项奉献团创团日 5 月 29 日前后开展 20 多个 POSCO Family 员工共同参与的大型志愿项目 "POSCO Family Global Volunteer Week"。志愿服务队在中国台湾、俄罗斯、海地、伊朗、印度、印尼、中国、土耳其、菲律宾等海外经营法人所在地开展志愿活动（见表 1）。

表 1　浦项国际志愿者服务活动

国　家	志愿者服务活动
中　国	·绿化活动、道路环境改善 ·改善老人居住环境 ·建设残疾人疗养中心 ·智障儿童写生比赛及其他关怀活动
日　本	·改善港湾环境 ·为障碍儿童建设设施、献血
越　南	·改善海边环境，支持独居老人 ·照顾孤儿院儿童 ·幸福之家建设活动
蒙古国	·管理农业经营支援中心的农作物
泰　国	·改善海岸环境 ·维修盲人设施

续表

国　家	志愿者服务活动
印　度	·免费诊疗 ·支持艾滋病保育院
伊　朗	·维修疗养院设施
澳大利亚	·在韩国语学堂、图书馆开展志愿活动
埃　及	·为智障儿童教育中心提供支援
波　兰	·支持儿童保育设施
美　国	·恢复赫尔曼公园草地
乌拉圭	·姊妹孤儿院支援
阿根廷	·为弱势群体提供生活必备品
巴　西	·维修韩语学校的设施，提供奖学金 ·美化公园湖水环境
墨西哥	·为贫困人群提供餐饮，保护老年人 ·维修福利设施的卫生间

（七）企业荣誉

2015 年 9 月浦项在全球可持续发展评估指数（Dow Jones Sustainability Indices，DJSI）评估中，浦项成为世界钢铁行业中第一家连续 12 年上榜的优秀企业。浦项在风险管理、生物多样性、社会公益、利益相关者管理等方面获得最高评分，在气候战略、客户关系管理、人才确保及评估等方面也得到优秀评价。浦项借此连续 12 年获选"可持续发展优秀企业"，获得了韩国企业中上榜时间最长的荣誉。

2016 年 6 月 13 日，浦项连续 7 年蝉联 WSD（World Steel Dynamics）的"世界最具竞争力的钢铁企业"（World-Class Steelmaker Rankings）排名榜第一位。WSD 以全世界 37 家钢铁公司为对象，对生产规模、收益、技术革新、价格竞争力、降低成本、财务健康运

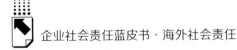

行、原料确保等 23 个项目开展了评价。2016 年，浦项以 8.02 分的总分荣登榜首。获得沙特主权财富基金注资，出售浦项特殊钢等企业结构重整活动，在 FINEX、CEM 等创新技术的应用，现场工程师的熟练度与生产性，世界级高档产品等高附加值产品的销售和成本节约领域中，以压倒性优势获得了最高分。

表 2　2015 年浦项国内外获奖内容

区域	时间	获奖内容
国外	2016 年 1 月	达沃斯论坛可持续经营百强企业第 40 位（Corporate Knights）
	2015 年 10 月	世界钢铁协会"今年的创新奖"
	2015 年 9 月	在全球可持续发展评估指数中连续 12 年全球可持续经营最优秀企业
	2015 年 6 月	世界上最具竞争力的钢铁企业，6 年间连续 8 次排第 1 位（WSD）
	2015 年 3 月	"丰田今年优秀供应商奖"两年连续获奖
	2015 年 3 月	"GM 今年优秀供应商"选定
国内	2015 年 12 月	"2015 网络奖韩国"（企业一般部门综合大奖）
	2015 年 10 月	大韩民国 SNS 大奖·国际商务大奖
	2015 年 8 月	连续 8 年"最适合工作的企业"
	2015 年 7 月	连续 3 年"同伴成长最优秀企业"
	2015 年 7 月	大韩民国优秀长生企业
	2015 年 3 月	连续 12 年"在韩国最受尊重的企业"

B.12
三菱商事

——共一个地球，尽一份责任

摘　要：　三菱商事以生物多样性保护为重点研究课题在全球开展公益实践活动，目前在森林保护、珊瑚礁保护、森林再生实验等方面为全球生态环境的保护做出了突出的贡献，增强了人们的环保意识，实现了人与自然的和谐相处。

关键词：　生物多样性　森林保护　珊瑚礁保护　森林再生实验

三菱商事一直以来将地球作为公司最大的利益相关者，力争通过各种业务活动实现可持续发展。三菱商事充分认识到生态系统给人类的各种恩赐的重要性，在积极致力于减少对生物多样性影响的同时，努力为保护生物多样性做贡献，不断在全球领域内开展各类保护生物多样性的公益项目，并通过组织志愿者活动，增强人们对环境保护的重视，促进人与自然和谐共处。

我们在日常生活中从多样生物所组成的生态系统中受益良多。比如，食物与水的"供给服务"，气候调节、水质净化的"调节服务"等，生态系统不断为我们提供着各种各样的服务。这些服务均来源于生物多样性，可以说是大自然给予我们的恩惠。三菱商事在世界各地开展业务时，也同样享受着各个不同地域的生态系统的"服务"，因此，关注并努力保护生物多样性也是三菱商事的重点课题。除在业务开展过程中会尽量减少减弱对生物多样性的影响外，三菱商事也会通过开展一系列环境保护类的社会贡献活动为保护生态系统做出应有的贡献。

2012 年起，三菱商事开始启用生物多样性的 International Business and Trade Testing Association（IBAT）审查投融资项目。IBAT 是由 Birdlife International、Conservation International、国际自然保护联合会（IUCN）、联合国环境规划署世界保护监测中心（UNEP-WCMC）共同开发的一种标记生物多样性的工具。IBAT 通过合作团体来收集数据，根据数据精准地预测出濒危的生物物种以及全球自然保护区的发展状况，根据投融资项目对当地的影响来审查该项目是否能在当地实施。

此外，三菱商事于 2015 年 4 月已经正式成为 JBIB（Japan Business Initiative For Biodiversity）的会员企业。JBIB 是以保护生物多样性为目标，由致力于共同研究及积极行动的企业组成的联盟。三菱商事在 JBIB 组织中通过日常业务中对生物多样性的关注以及项目实施过程中最大限度地减少对生物多样性产生负面影响等方式做出应有的贡献。

一　三菱商事千年之林

森林的减少，会对地球环境产生重大的影响，并且会严重影响到受森林荫庇而生长的各种植物和野生生物等自然生态系统的生长环境。所以，保护森林这项工作，变得越来越重要。

三菱商事在三菱集团创始人岩崎弥太郎出生的高知县安芸市开展了第一个森林保护项目。以为当地的环境保护做贡献为宗旨，除了将该市的森林作为公司的所有森林加以保护外，还将包括部分安芸市在内的 263 公顷的森林，命名为"三菱商事 千年之林"（俗称：弥太郎之林），并持续开展森林保护项目。2009 年 2 月 3 日，三菱商事在高知县政府举行了森林保护合作伙伴协定的四方合作者签约仪式。"千年之林"今后除了旨在森林保护活动以外，还将作为公司员工及当地居民体验大自然及开展志愿者活动和环保教育活动的场所来使用。作为环境·CSR 活动之一，三菱商事在马来西亚、巴西、肯尼亚开展了"热带林再生实验项目"，也一直在中国和泰国等地开展植树造林活动。

二 珊瑚礁保护项目

为了保护世界各地的珊瑚礁，三菱商事自 2005 年开始实施"珊瑚礁保护项目"。三菱商事为该项研究提供资金援助的同时，组织志愿者参与项目，通过开展调查研究活动，加深人们对环境保护的重视程度。

珊瑚礁保护项目，以冲绳岛、塞舌尔群岛（Seychelles）、澳大利亚（Australia）3 个地方为中心，开展保护珊瑚礁的研究。在日本，由珊瑚礁研究权威人士静冈大学创造科学技术研究生院铃木款教授指导，在位于冲绳县本部町的琉球大学濑底实验所开展对珊瑚礁白化现象的研究。2006 年以来，三菱商事在美国中途岛环礁国立自然保护区和由漂浮于印度洋中的几个岛屿构成的塞舌尔共和国开始研究，与日本的项目一样，也从社会募集志愿者协助研究活动。公司与澳大利亚海洋科学研究所以及国际 NGO 组织"关注地球"（EARTH WATCH）澳大利亚分部合作，针对大堡礁珊瑚礁的病症展开调查研究。重点将对季节变化以及光、温度与水质对珊瑚的黑带病可能产生的影响进行评估。

除此之外，在环绕塞舌尔共和国的印度洋中，有 300～350 种珊瑚存在。1998 年，因厄尔尼诺（El Nino）现象发生导致海水温度上升，据报道，塞舌尔的珊瑚约有九成死亡。这个项目以英国埃塞克斯大学 David Smith 博士为中心，由该大学、塞舌尔海洋公园管理局海洋技术研究中心、地球观察·欧洲与三菱商事协作，在该国的库瑞尔岛（Curieuse Island）对各种珊瑚礁的生态以及对环境压力的反应等开展研究和调查活动。

三 森林再生实验项目

世界各地热带林的减少是我们面临的环境问题之一。热带林是生物种的宝库，热带林的减少给生物的多样性带来了影响。此外，热带林作为二氧化碳的吸收源，对地球温室效应、异常气象和自然灾害等也会产生影响。一般认为，热带林一旦遭到破坏，需要 300～500 年的时间才能恢复到原来的状态。

三菱商事自 1990 年开始着手"马来西亚热带林再生实验工程"以来，根据潜在自然植被理论，以"用当地的树木造出当地的森林"（Native Forests with Native Trees）为基本方针，积极进行植树造林。"马来西亚热带林再生实验工程"，是根据当时任横滨国立大学教授的宫胁博士的研究，希望通过使用当地固有的植物以密植和混植的方式造林，用 40～50 年时间，将失去的森林复苏到无限接近自然林的生态系统。由三菱商事做后备支持，在马来西亚沙捞越州宾图卢原来的火田里，马来西亚国立农业大学和横滨国立大学开始了合作研究。这个项目在约 50 公顷实验地里种植约 30 万棵树苗，十多年以来，现在高的树木已经长到了 20 米以上，呈现一片郁郁葱葱的景象。项目继续在每年接受来自日本的环保旅行团，与当地人一起种植热带林。

1992 年，在位于亚马孙河河口的巴西的帕拉州的贝伦近郊，三菱商事也开始了同样方式的"亚马孙热带林再生实验工程"，以此作为与国立帕拉农科大学等的一项合作研究。迄今为止，与当地中、小学生和职业学校的学生一起种植的树木，已达到约 100 种，40 多万棵。在光秃秃的荒地里造林，的确是一种挑战。用废料和土混合成的土坏覆盖地表，再混合种植生长较快的树木，这样的造林作业是在非常艰苦的条件下进行的，要面对含有雨季养分的地表土壤的流失，以及旱季的干燥等各种挑战。亚马孙河的工程，自实验开始以来已经过了 10 年，有的树高已超过了 20 米，生长速度之快，令人惊叹。

同时，在因经济发展而造成环境破坏严重的中国上海，三菱商事正在推行"绿地建设工程"。这项工程计划沿外环线四周，建立一条总长 97 千米、宽约 100 米的森林带，以保全和恢复绿化。公司在一部分绿化区域内正在使用同样的方式造林。此外，三菱商事以在马来西亚、巴西及肯尼亚开展的热带林再生实验项目的成果为基础，自 2011 年"国际森林年"起，与国际知名 NGO 组织 OISCA 合作，在位于印度尼西亚爪哇岛的格地·潘古朗哥国立公园（Gede Pangrango National Park）开展新的热带林再生实验项目。三菱商事在热带林再生实验工程中承担了从计划到运营管理、资金筹措的工作。今后也希望在与产业界、研究机构和政府机关的通力合作下，继续为世界的热带林再生事业贡献力量。

B.13
IBM

——专长服务社会，协作创新公益

摘　要：　全球志愿服务队是 IBM 在全球开展的跨国、跨地区的
社会服务项目，通过选送企业优秀员工，以志愿者的
形式无偿地为当地提供急需的专业技能和服务。通过
近 10 年的运作，有 3000 多名 IBM 优秀员工参与该项
目，接受了社会的锻炼和评价，实现了自我价值和能
力的提升。全球志愿服务队在全球粮食安全、女性保
护、医疗健康、灾后重建等领域做出了不凡的成绩，
不仅使各地人群受益，也促进了企业自身价值的提升。

关键词：　全球志愿服务队　志愿者　公益规模化　商业价值

IBM 企业全球志愿服务队（Corporate Service Corps，CSC）成立
于 2008 年，其使命是选送企业优秀员工，以志愿者的方式参与到跨
地区、跨国界的社会服务项目当中，为当地社区发展无偿提供急需的
专业技能和服务。CSC 是目前所有企业国际志愿服务项目中规模最
大、影响最广泛的一个。

通过近 10 年的运作，企业全球志愿服务队已经成为企业社会责
任的典范，本着持续进步和合作的精神，通过不断优化管理、拓展合
作关系，扩大对社会的积极影响。近 3000 多名 IBM 优秀员工参与该
项目，接受了社会的锻炼和评价，实现自我价值的认同，获得了改变

一生的国际志愿服务经历。1000 多个服务项目为合作机构带来积极的组织变革，惠及 37 个国家 4100 万人口。此外，企业全球志愿服务队项目向众多 IBM 客户展示 IBM 履行社会责任、参与社会服务创新的切实成果，带动了摩根大通等客户企业效仿该模式，推出了类似的企业国际志愿者项目。

一　三重效应之员工篇

（一）人才选拔专业化

IBM 通过引用技术优势和经验帮助社会解决难题。CSC 项目是由 IBM 国际基金会资助、企业公民部门负责实施管理的企业社会责任项目，建立了完善的志愿服务体系和制度，包括志愿选拔、培训，项目立项、实施、评估，以及服务队派遣管理等。

企业全球志愿服务队成员的选拔、培训与企业人才培养战略相结合，以满足社会发展需求为志愿服务活动的切入点，着眼于社会发展大局，在经济、环境、健康、教育等领域寻找课题，无偿提供商业领域的优势人才和技能。服务队成员来自不同的国家和文化背景，在 IBM 企业公民部门的协调和指导下参与到跨地区、跨国界的志愿服务工作中。

（二）员工获得满意化

自 2008 年起，来自 60 个国家的 2800 多位 IBM 志愿者参与到遍布 37 个国家的服务队中，接受了影响终身领导力和技能培养锻炼。调查结果显示，CSC 参与者的经理们认同员工在参与活动后，无论业务能力、工作态度还是团队精神都有了显著提高。IBM 发展支持服务部的一位资深经理表示："在参加 CSC 之前他就是个工作能力很强的员工。参与 CSC 之后，可以明显看出他的视野更开拓，对于在 IBM 的发展有了更广阔和长远的发展目标。虽然离开岗位一个月，但这段时间的投入非常值得。"

在能力提升的层面上，在 CSC 活动中，有无数 IBM 员工在辛勤付出同时不仅收获了宝贵的团队经验和成就感，增强了团队合作和领导能力，还在多元化的工作环境中培养了开放、信任、包容和尊重的良好品质，培养了自身的核心市场价值技能和竞争力，这有助于他们更好地适应内外部环境和融入公司环境。

在职业发展的层面上，CSC 为参加员工提供了学习和发展的机会，帮助他们寻找正确的职业发展方向，站在更高的职业起点上，投入更为广阔的职业平台中，从而在各自的职业生涯道路上走得踏实、稳健。

在全局层面上，志愿服务活动的深入推进，不仅使员工自身受益，也为公司整体发展带来积极的影响。这一过程增加了员工对公司的文化认同和理解，提高了员工的忠诚度和团队凝聚力，为公司的长远发展奠定了重要的基础。

二　三重效应之社区篇

（一）公益对象多元化

IBM 坚持与政府、企业、学校、非营利组织等开展合作，提供解决方案。受助机构有 45% 是非政府组织，32% 是政府组织，12% 是教育机构，11% 是商业组织（见图 1）。项目类型主要有教育、信息技术与通信、医疗健康、农业、金融服务和其他。其中最集中的项目领域是教育行业与信息技术和通信行业。志愿服务队提供的解决方案主要集中于战略规划、行动方案、一般性业务咨询以及公益数据管理和分析。服务队项目在全球开展，主要集中于中国、印度和巴西（见图2）。2015 年 CSC 服务机构调研结果显示，如果项目建议得以成功实施，将有 40920495 人受益，其中包括 19854280 名女性和 20210879 名青年。

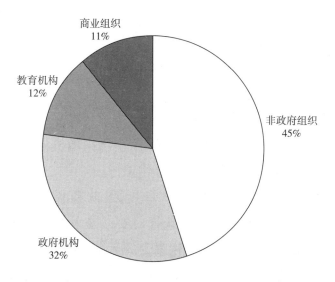

图 1　项目受助机构类型

图 2　2011～2015 年服务队派遣地域分布

（三）公益项目规模化

IBM 全球志愿服务队在长期的活动开展中，深入实践，致力于解决人们的生活质量、健康福利以及改善社会和教育状况的全球性的项目，硕果累累。

（1）解决粮食安全问题。CSC 阿根廷、哥伦比亚、厄瓜多尔和墨西哥服务队的全球食物银行网络项目展示了 CSC 项目的长期积极影响以及专项服务的益处。这个项目行动计划的成果包括：墨西哥托卢卡新的商业计划已经使食物捐赠机构增加了41%，每月增加 15000 受助者；哥伦比亚的巴兰基亚新增 40 家食物捐赠机构，业务运作也有改进，这将影响哥伦比亚的多家食物银行。

（2）关注女性安全问题。CSC 印度 25 队和摩根大通合作，为 Akshara（一家关注性别平等和防止针对女性暴力的机构）开发社交媒体策略，传播更多关于针对女性暴力的信息，增强解决暴力问题的支持体系和历史数据记录，倡导政策变革，确保为女性提供更安全的城市环境。借助于 IBM 企业全球志愿服务队的合作项目经验，摩根大通效仿该模式，继续发起类似的项目。

（3）关注医疗健康问题。CSC 秘鲁 2 队和 IBM 客户 BD 医疗携手为 CerviCusco 提供专业志愿服务。CerviCusco 是一家向贫困的秘鲁女性提供宫颈癌筛查的诊所。服务队为诊所提供了一个涵盖市场、服务和筹资的全面路线图，旨在帮助 CerviCusco 就诊规模到 2017 年扩大至 75000 名女性，使运营收入提高四倍。在中国，CSC China 28 南宁团队与广西第一家非政府和非营利机构——安琪之家康复中心开展合作，以帮助安琪之家成长为具有示范性的非营利脑瘫康复卓越中心为使命，为患有中度脑瘫的少年儿童的康复、早期干预、教育和自立生活技能培养提供咨询建议。

（4）致力于灾后重建。CSC 埃塞俄比亚 2 队和 3 队服务于埃塞俄比亚的国际医疗队（International Medical Corps，IMC）及其灾后重建项目。46000 多埃塞俄比亚人将受益于改善的水、环境和卫生（WASH）条件，会提高灾后恢复能力。其中，CSC 埃塞俄比亚 2 队与陶氏化学联合服务于该项目。CSC 团队提供的高质量方案建议，让捐赠人看到了项目的价值，为此 IMC 获得了额外的 5 万多美元捐款。

（5）促进当地经济发展。CSC 越南服务队参与了越南岘港地区的旅游交通服务项目，促进了当地旅游业和 IT 业的发展，新增就业机会。CSC 巴西服务队与 Casa da Criança 儿童之家合作，帮助其改善专业志愿者协调工作，减少支出，600 个新家庭因此受益，帮助儿童之家解决了信息通信和存储效率低下的问题。CSC 南非与东开普省农村金融公司对当地贫困家庭发放贷款，帮助当地居民摆脱贫困，增加收入。同时通过研讨班的形式帮助贷款人提高了商业技能，发展和维持业务，同时降低了贷款违约率。

三　三重效应之企业篇

践行良好的企业社会责任，也会助力企业自身发展。企业全球志愿服务队的项目对 IBM 自身发展影响深远。IBM 在 PYXERA Global 的 25 周年庆祝晚宴上因"开拓性的全球参与实践、无性别歧视、可持续性地改善全球生活"而获奖，IBM 企业社会责任项目在 100 家公司中名列榜首，第四届中国慈展会上，IBM 被授予 2015 全球企业社会创新卓越奖，IBM 企业全球志愿服务队荣获"2015 年北京市十佳企业志愿服务项目奖"。

（一）加深业务伙伴关系

企业全球志愿服务队与 IBM 企业客户、政府、公共服务组织派遣的志愿者组成联合服务队。联合服务队的项目充分显示了共同的企业社会责任抱负和共同实践，有效地加强了 IBM 的客户关系。

IBM 在非洲、拉美地区的业务拓展，与当地重要利益相关方构建良好的信任关系；CSC 越南芹苴服务队的最终建议报告得到了当地政府的高度评价，为 IBM 在当地构建了良好的政府关系。

IBM 通过 CSC 项目合作，加深了与 BD 医疗、凯恩印度、CEMEX 基金、陶氏化学、联邦快递、葛兰素史克、约翰迪尔、摩根大通、塔塔钢铁以及联合利华等的客户伙伴关系。Rebecca Milner，国际医疗队制度改进副主席这样评价服务队："在帮助国际医疗队更好地为管区服务方面，IBM 一直是个宝贵的合作伙伴。我们一起发挥专长，为评估应对全球危机的有效性制定了新协议。"Peter Scher，摩根大通执行副总裁兼企业社会责任主管说，"一直以来，IBM 为社会发展贡献人才和专长、创造积极影响树立了典范。IBM 邀请我们参加他们的企业全球志愿服务队，让我们从他们的模式中学习，这些经历启发我们在底特律发起了一个类似的项目。我们已经从非营利组织合作伙伴和员工那里得到了很棒的反馈"。

（二）提升自身商业价值

IBM 在为全球贡献人才和专长的同时，通过全球志愿服务队的项目活动扩大了企业的影响力和竞争力。IBM 员工在参与 CSC 的过程中，加深了对 IBM 战略的成长业务的理解，全面强化了企业员工的凝聚力，对领导力、奉献精神、解决问题等能力的培养发挥着至关重要的作用。同时 CSC 帮助企业认知新的客户类型，构建良好的业务生态圈。

1. IBM 客户评价

一直以来，IBM 为社会发展贡献人才和专长、创造积极影响树立了典范。IBM 邀请我们参加他们的企业全球志愿服务队，让我们从他们的模式中学习，这些经历启发我们在底特律发起了一个类似的项目。我们已经从非营利组织合作伙伴和员工那里得到了很棒的反馈。

——Peter Scher，摩根大通执行副总裁兼企业社会责任主管

2. 经理评价

CSC 是我们为员工个人发展所开展的最好的活动之一。不像传统教育课程的教授方式……这是一种非常不同且大有裨益的经历。

——Michael Prochaska，

全球科技服务部，云计算客户服务部总监

在参加 CSC 之前他就是个能力很强的员工。参与项目之后，进一步拓展和开阔了他在 IBM 的目标，虽然离开工作岗位去参加项目，但这段时间的投入非常值得。

—— Michael（M. G.）Mitchener，发展支持服务部资深经理

得益于 CSC，我的员工有机会在不同国家，与不同人群，针对不同的主题进行工作。总的来说，接触这种新的环境提高了员工对多元文化、信任和领导力的认知。

—— Guido Badertscher，DACH 战略外包交付，

过渡与转型项目服务经理

回来还不到两周，Stuart 就在员工会议上介绍了他在俄罗斯的 CSC 志愿服务经历。他的热情感染了团队，大家很喜欢听他

与客户和 IBM 人在一起的经历。他慷慨地与我们团队分享了过去的经历如何改变了他对个人与职业的看法。我希望他的热情能够激发更多 IBM 人申请加入未来的 CSC 服务队。

—— Sharon（S.）O'Shaughnessy，

全球科技服务部基础架构服务部 Manulife 服务交付总监

附　录

Appendices

附录一：中资企业对外投资100强海外社会责任发展指数（2016）

B.14

序号	排名	企业名称	企业性质	所属行业	是否发布国别报告	英文官网是否设置社会责任专栏	集团报告英文版是否设置海外板块	总分	发展阶段
				卓越者（7家）					
1	1	华为技术有限公司	民营企业	制造业	是	是	是	95.29	卓越者

续表

序号	排名	企业名称	企业性质	所属行业	是否发布国别报告	英文官网是否设置社会责任专栏	集团报告英文版是否设置海外板块	总分	发展阶段
				卓越者（7家）					
2	1	中国石油天然气集团公司	中央企业	矿业	是	是	是	95.29	卓越者
3	1	海航集团有限公司	民营企业	交通运输服务业	是	是	是	95.29	卓越者
4	4	中国有色矿业集团有限公司	中央企业	矿业	是	是	否	90.59	卓越者
5	5	中国电力建设集团有限公司	中央企业	建筑业	是	是	否	90.29	卓越者
6	6	中国海洋石油总公司	中央企业	矿业	否	是	是	90.00	卓越者
7	7	中国五矿集团公司	中央企业	矿业	是	是	是	85.88	卓越者
				领先者（8家）					
8	8	中兴通讯股份有限公司	民营企业	制造业	是	否	是	76.47	领先者
9	9	联想控股股份有限公司	民营企业	制造业	是	是	是	71.76	领先者
10	9	中国石油化工集团公司	中央企业	矿业	是	是	是	71.76	领先者
11	11	中国中钢集团公司	中央企业	制造业	是	是	是	66.76	领先者
12	12	中国中化集团公司	中央企业	制造业	否	是	是	66.47	领先者
13	13	中国远洋海运集团总公司	中央企业	交通运输服务业	否	是	是	61.76	领先者
14	13	中国交通建设集团公司*	中央企业	建筑业	否	是	是	61.76	领先者
15	13	中国铁道建筑总公司	中央企业	建筑业	否	是	是	61.76	领先者

续表

序号	排名	企业名称	企业性质	所属行业	是否发布国别报告	英文官网是否设置社会责任专栏	集团报告英文版是否设置海外板块	总分	发展阶段
				追赶者（9家）					
16	16	国家电网公司	中央企业	电力行业	否	是	是	57.06	追赶者
17	16	中国移动通信集团公司	中央企业	信息传输和技术服务业	否	是	是	57.06	追赶者
18	18	中国航空工业集团公司	中央企业	制造业	否	是	否	56.76	追赶者
19	18	中国节能环保集团公司	中央企业	混业	否	否	是	56.76	追赶者
20	20	中国铁路工程总公司	中央企业	建筑业	否	是	是	52.35	追赶者
21	20	中国建筑工程总公司	中央企业	建筑业	否	是	是	52.35	追赶者
22	22	中国电子信息产业集团有限公司	中央企业	制造业	否	否	是	52.06	追赶者
23	23	武汉钢铁（集团）公司	中央企业	制造业	否	是	是	42.94	追赶者
24	23	中国华电集团公司	中央企业	电力行业	否	是	是	42.94	追赶者
				起步者（16家）					
25	25	中国化工集团公司	中央企业	制造业	否	是	是	38.24	起步者
26	25	中国建材集团有限公司	中央企业	制造业	否	是	是	38.24	起步者
27	27	中国长江三峡集团公司	中央企业	建筑业	否	否	是	37.94	起步者

163

续表

起步者（16家）

序号	排名	企业名称	企业性质	所属行业	是否发布国别报告	英文官网是否设置社会责任专栏	集团报告英文版是否设置海外板块	总分	发展阶段
28	28	中国联合网络通信集团有限公司	中央企业	信息传输和技术服务业	否	是	是	33.53	起步者
29	28	中国东方航空集团公司	中央企业	交通运输服务业	否	是	是	33.53	起步者
30	30	兖州煤业股份有限公司	其他国有企业	矿业	否	是	否	33.24	起步者
31	30	国家电力投资集团公司	中央企业	电力行业	否	是	否	33.24	起步者
32	32	宝钢集团有限公司	中央企业	制造业	否	是	是	28.82	起步者
33	33	安徽省外经建设（集团）有限公司	其他国有企业	建筑业	否	是	否	28.53	起步者
34	33	北京控股集团有限公司	其他国有企业	混业	否	否	是	28.53	起步者
35	33	中国兵器工业集团公司	中央企业	制造业	否	是	否	28.53	起步者
36	36	中国华能集团公司	中央企业	电力行业	否	是	是	24.12	起步者
37	36	中国黄金集团公司	中央企业	矿业	否	是	是	24.12	起步者
38	38	中国中信集团有限公司	其他国有企业	混业	否	是	否	23.82	起步者
39	38	中国中电集团公司	中央企业	电力行业	否	否	是	23.82	起步者
40	38	海尔集团电器产业有限公司	民营企业	制造业	否	是	否	23.82	起步者

续表

序号	排名	企业名称	企业性质	所属行业	是否发布国别报告	英文官网是否设置社会责任专栏	集团报告英文版是否设置海外板块	总分	发展阶段
				旁观者（60家）					
41	41	中国船舶工业集团公司	中央企业	制造业	否	是	是	19.41	旁观者
42	41	万科企业股份有限公司	民营企业	房地产业	否	是	是	19.41	旁观者
43	43	大连万达集团股份有限公司	民营企业	房地产业	否	是	否	19.12	旁观者
44	43	复星国际有限公司	民营企业	混业	否	是	否	19.12	旁观者
45	43	中国航天科技集团公司	中央企业	制造业	否	是	否	19.12	旁观者
46	46	中国铝业公司	中央企业	矿业	否	否	否	18.82	旁观者
47	47	珠海格力电器股份有限公司	民营企业	制造业	否	是	否	14.41	旁观者
48	47	中国广核集团有限公司	中央企业	电力行业	否	是	否	14.41	旁观者
49	47	中粮集团有限公司	中央企业	制造业	否	是	否	14.41	旁观者
50	47	海信集团有限公司	其他国有企业	制造业	否	是	否	14.41	旁观者
51	47	恒大集团有限公司	民营企业	房地产业	否	是	否	14.41	旁观者
52	47	青建集团股份公司	其他国有企业	建筑业	否	是	否	14.41	旁观者
53	47	紫金矿业集团股份有限公司	其他国有企业	矿业	否	是	否	14.41	旁观者
54	47	招商局集团有限公司	中央企业	混业	否	是	否	14.41	旁观者
55	47	广东粤海控股集团有限公司	其他国有企业	混业	否	是	否	14.41	旁观者
56	47	三一重工股份有限公司	民营企业	制造业	否	是	否	14.41	旁观者

续表

序号	排名	企业名称	企业性质	所属行业	是否发布国别报告	英文官网是否设置社会责任专栏	集团报告英文版是否设置海外板块	总分	发展阶段
				旁观者（60家）					
57	57	TCL集团股份有限公司	民营企业	制造业	否	是	否	9.71	旁观者
58	57	方正集团有限公司	其他国有企业	混业	否	是	否	9.71	旁观者
59	57	金川集团股份有限公司	其他国有企业	矿业	否	是	否	9.71	旁观者
60	57	绿地集团有限公司	其他国有企业	房地产业	否	是	否	9.71	旁观者
61	57	厦门建发股份有限公司	其他国有企业	混业	否	是	否	9.71	旁观者
62	57	深业集团有限公司	其他国有企业	房地产业	否	是	否	9.71	旁观者
63	57	太原钢铁（集团）有限公司	其他国有企业	制造业	否	是	否	9.71	旁观者
64	57	潍柴动力股份有限公司	其他国有企业	制造业	否	是	否	9.71	旁观者
65	57	广州越秀集团有限公司	其他国有企业	混业	否	是	否	9.71	旁观者
66	57	中国国际海运集装箱（集团）股份有限公司	其他国有企业	交通运输服务业	否	是	否	9.71	旁观者
67	57	华润（集团）有限公司	中央企业	混业	否	是	否	9.71	旁观者
68	57	中国保利集团公司	中央企业	混业	否	是	否	9.71	旁观者
69	57	中国旅游集团公司	中央企业	其他服务业	否	是	否	9.71	旁观者
70	57	中国航空集团公司	中央企业	交通运输服务业	否	是	否	9.71	旁观者
71	57	江苏沙钢集团有限公司	民营企业	制造业	否	是	否	9.71	旁观者

续表

序号	排名	企业名称	企业性质	所属行业	是否发布国别报告	英文官网是否设置社会责任专栏	集团报告英文版是否设置海外板块	总分	发展阶段
				旁观者（60家）					
72	57	华岳集团有限公司	民营企业	混业	否	是	否	9.71	旁观者
73	57	山东大海集团有限公司	民营企业	混业	否	是	否	9.71	旁观者
74	74	中国重型汽车集团有限公司	其他国有企业	制造业	否	否	否	9.41	旁观者
75	75	深圳市中金岭南有色金属股份有限公司	其他国有企业	混业	否	否	否	0.00	旁观者
76	75	光明食品(集团)有限公司	民营企业	制造业	否	否	否	0.00	旁观者
77	75	湖南华菱钢铁集团有限责任公司	民营企业	制造业	否	否	否	0.00	旁观者
78	75	金龙精密铜管集团股份有限公司	民营企业	制造业	否	否	否	0.00	旁观者
79	75	美的集团股份有限公司	民营企业	制造业	否	否	否	0.00	旁观者
80	75	宁波杉杉股份有限公司	民营企业	制造业	否	否	否	0.00	旁观者
81	75	山东吉祥光集团有限公司	民营企业	混业	否	否	否	0.00	旁观者
82	75	上海吉利兆圆国际投资有限公司	民营企业	其他服务业	否	否	否	0.00	旁观者
83	75	万向集团公司	民营企业	制造业	否	否	否	0.00	旁观者

167

续表

序号	排名	企业名称	企业性质	所属行业	是否发布国别报告	英文官网是否设置社会责任专栏	集团报告英文版是否设置海外板块	总分	发展阶段
				旁观者（60家）					
84	75	烟台新益投资有限公司	民营企业	其他服务业	否	否	否	0.00	旁观者
85	75	渤海钢铁集团有限公司	其他国有企业	制造业	否	否	否	0.00	旁观者
86	75	大冶有色金属公司	其他国有企业	矿业	否	否	否	0.00	旁观者
87	75	广东省广新控股集团有限公司	其他国有企业	混业	否	否	否	0.00	旁观者
88	75	杭州热联集团股份有限公司	其他国有企业	批发贸易业	否	否	否	0.00	旁观者
89	75	冀中能源集团有限责任公司	其他国有企业	矿业	否	否	否	0.00	旁观者
90	75	九三粮油工业集团有限公司	其他国有企业	制造业	否	否	否	0.00	旁观者
91	75	山东钢铁集团有限公司	其他国有企业	制造业	否	否	否	0.00	旁观者
92	75	山东能源集团有限公司	其他国有企业	矿业	否	否	否	0.00	旁观者
93	75	首钢总公司	其他国有企业	制造业	否	否	否	0.00	旁观者
94	75	四川长虹电器股份有限公司	其他国有企业	制造业	否	否	否	0.00	旁观者

续表

序号	排名	企业名称	企业性质	所属行业	是否发布国别报告	英文官网是否设置社会责任专栏	集团报告英文版是否设置海外板块	总分	发展阶段
				旁观者（60 家）					
95	75	天津物产集团有限公司	其他国有企业	批发贸易业	否	否	否	0.00	旁观者
96	75	同方股份有限公司	其他国有企业	信息传输和技术服务业	否	否	否	0.00	旁观者
97	75	瓮福（集团）有限责任公司	其他国有企业	制造业	否	否	否	0.00	旁观者
98	75	云南铜业（集团）有限责任公司	其他国有企业	矿业	否	否	否	0.00	旁观者
99	75	紫光股份有限公司	其他国有企业	信息传输和技术服务业	否	否	否	0.00	旁观者
100	75	中国国新控股有限责任公司	中央企业	其他服务业	否	否	否	0.00	旁观者

* 企业有新闻报道发布《蒙内铁路项目 2015 年度社会责任报告》，但课题组通过公开渠道未搜集到相关报告成果，根据信息搜集的"公开性"原则，此处"国别报告"发布情况为"否"。

169

B.15

附录二：中央企业海外社会责任发展指数（2016）

序号	排名	企业名称	所属行业	是否发布国别报告	英文官网是否设置社会责任专栏	集团报告英文版是否设置海外板块	总分	发展阶段
			卓越者（5家）					
1	1	中国石油天然气集团公司	矿业	是	是	是	95.29	卓越者
2	2	中国有色矿业集团有限公司	矿业	是	是	是	90.59	卓越者
3	3	中国电力建设集团有限公司	建筑业	是	是	否	90.29	卓越者
4	4	中国海洋石油总公司	矿业	否	是	是	90.00	卓越者
5	5	中国五矿集团公司	矿业	是	是	是	85.88	卓越者
			领先者（6家）					
6	6	中国石油化工集团公司	矿业	是	是	是	71.76	领先者
7	7	中国中钢集团公司	制造业	是	是	是	66.76	领先者
8	8	中国中化集团公司	制造业	否	是	是	66.47	领先者
9	9	中国远洋海运集团总公司	交通运输服务业	否	是	是	61.76	领先者
10	9	中国交通建设集团公司	建筑业	否	是	是	61.76	领先者
11	9	中国铁道建筑总公司	建筑业	否	是	是	61.76	领先者

续表

序号	排名	企业名称	所属行业	是否发布国别报告	英文官网是否设置社会责任专栏	集团报告英文版是否设置海外板块	总分	发展阶段
			追赶者（9家）					
12	12	国家电网公司	电力行业	否	是	是	57.06	追赶者
13	12	中国移动通信集团公司	信息传输和技术服务业	否	是	是	57.06	追赶者
14	14	中国航空工业集团公司	制造业	否	是	否	56.76	追赶者
15	14	中国节能环保集团公司	混合	是	否	是	56.76	追赶者
16	16	中国铁路工程总公司	建筑业	否	是	是	52.35	追赶者
17	16	中国建筑工程总公司	建筑业	否	是	是	52.35	追赶者
18	18	中国电子信息产业集团有限公司	制造业	否	否	是	52.06	追赶者
19	19	武汉钢铁（集团）公司	制造业	否	是	是	42.94	追赶者
20	19	中国华电集团公司	电力行业	否	是	是	42.94	追赶者
			起步者（11家）					
21	21	中国化工集团公司	制造业	否	是	是	38.24	起步者
22	21	中国建材集团有限公司	制造业	否	是	是	38.24	起步者
23	23	中国长江三峡集团公司	建筑业	否	否	否	37.94	起步者
24	24	中国联合网络通信集团有限公司	信息传输和技术服务业	否	是	是	33.53	起步者
25	24	中国东方航空集团公司	交通运输服务业	否	是	是	33.53	起步者
26	26	国家电力投资集团公司	电力行业	否	是	否	33.24	起步者

续表

序号	排名	企业名称	所属行业	是否发布国别报告	英文官网是否设置社会责任专栏	集团报告英文版是否设置海外板块	总分	发展阶段
			起步者(11家)					
27	27	宝钢集团有限公司	制造业	否	是	是	28.82	起步者
28	28	中国兵器工业集团公司	制造业	否	是	否	28.53	起步者
29	29	中国华能集团公司	电力行业	否	是	是	24.12	起步者
30	29	中国黄金集团公司	矿业	否	是	是	24.12	起步者
31	31	中国国电集团公司	电力行业	否	否	是	23.82	起步者
			旁观者(11家)					
32	32	中国船舶工业集团公司	制造业	否	是	是	19.41	旁观者
33	33	中国航天科技集团公司	制造业	否	是	否	19.12	旁观者
34	34	中国铝业公司	矿业	否	否	否	18.82	旁观者
35	35	中国广核集团有限公司	电力行业	否	是	否	14.41	旁观者
36	35	中粮集团有限公司	制造业	否	是	否	14.41	旁观者
37	35	招商局集团有限公司	混业	否	是	否	14.41	旁观者
38	38	华润(集团)公司	混业	否	是	否	9.71	旁观者
39	38	中国保利集团公司	混业	否	是	否	9.71	旁观者
40	38	中国旅游集团公司	其他服务业	否	是	否	9.71	旁观者
41	38	中国航空集团公司	交通运输服务业	否	是	否	9.71	旁观者
42	42	中国新兴际华股份有限责任公司	其他服务业	否	否	否	0.00	旁观者

B.16 附录三：其他国有企业海外社会责任发展指数（2016）

序号	排名	企业名称	所属行业	是否发布国别报告	英文官网是否设置社会责任专栏	集团报告英文版是否设置海外板块	总分	发展阶段
				起步者（4家）				
1	1	兖州煤业股份有限公司	矿业	否	是	否	33.24	起步者
2	2	安徽省外经建设（集团）有限公司	建筑业	否	是	否	28.53	起步者
3	2	北京控股集团有限公司	混业	否	否	是	28.53	起步者
4	4	中国中信集团有限公司	混业	否	是	否	23.82	起步者
				旁观者（30家）				
5	5	海信集团有限公司	制造业	否	是	否	14.41	旁观者
6	5	青建集团股份公司	建筑业	否	是	否	14.41	旁观者
7	5	紫金矿业集团股份有限公司	矿业	否	是	否	14.41	旁观者
8	5	广东粤海控股集团有限公司	混业	否	是	否	14.41	旁观者
9	9	方正集团有限公司	混业	否	是	否	9.71	旁观者
10	9	金川集团股份有限公司	矿业	否	是	否	9.71	旁观者
11	9	绿地集团集团有限公司	房地产业	否	是	否	9.71	旁观者
12	9	厦门建发股份有限公司	混业	否	是	否	9.71	旁观者

续表

序号	排名	企业名称	所属行业	是否发布国别报告	英文官网是否设置社会责任专栏	集团报告英文版是否设置海外板块	总分	发展阶段
				旁观者（30家）				
13	9	深业集团有限公司	房地产业	否	是	否	9.71	旁观者
14	9	太原钢铁（集团）有限公司	制造业	否	是	否	9.71	旁观者
15	9	潍柴动力股份有限公司	制造业	否	是	否	9.71	旁观者
16	9	广州越秀集团股份有限公司	混业	否	是	否	9.71	旁观者
17	9	中国国际海运集装箱（集团）股份有限公司	交通运输服务业	否	是	否	9.71	旁观者
18	18	中国重型汽车集团有限公司	制造业	否	否	否	9.41	旁观者
19	19	深圳市中金岭南有色金属股份有限公司	混业	否	否	否	0.00	旁观者
20	19	渤海钢铁集团有限公司	制造业	否	否	否	0.00	旁观者
21	19	大冶有色金属集团有限公司	矿业	否	否	否	0.00	旁观者
22	19	广东省广新控股集团有限公司	混业	否	否	否	0.00	旁观者
23	19	杭州热联集团股份有限公司	批发贸易业	否	否	否	0.00	旁观者
24	19	冀中能源集团有限责任公司	矿业	否	否	否	0.00	旁观者
25	19	九三粮油工业集团有限公司	制造业	否	否	否	0.00	旁观者
26	19	山东钢铁集团有限公司	制造业	否	否	否	0.00	旁观者

续表

序号	排名	企业名称	所属行业	是否发布国别报告	英文官网是否设置社会责任专栏	集团报告英文版是否设置海外板块	总分	发展阶段
			旁观者（30家）					
27	19	山东能源集团有限公司	矿业	否	否	否	0.00	旁观者
28	19	首钢总公司	制造业	否	否	否	0.00	旁观者
29	19	四川长虹电器股份有限公司	制造业	否	否	否	0.00	旁观者
30	19	天津物产集团有限公司	批发贸易业	否	否	否	0.00	旁观者
31	19	同方股份有限公司	信息传输和技术服务业	否	否	否	0.00	旁观者
32	19	金徽（集团）有限责任公司	制造业	否	否	否	0.00	旁观者
33	19	云南铜业（集团）有限责任公司	矿业	否	否	否	0.00	旁观者
34	19	紫光股份有限公司	信息传输和技术服务业	否	否	否	0.00	旁观者

B.17

附录四：民营企业海外社会责任发展指数（2016）

序号	排名	企业名称	所属行业	是否发布国别报告	英文官网是否设置社会责任专栏	集团报告英文版是否设置海外板块	总分	发展阶段
				卓越者（2家）				
1	1	华为技术有限公司	制造业	是	是	是	95.29	卓越者
2	1	海航集团有限公司	交通运输服务业	是	是	是	95.29	卓越者
				领先者（2家）				
3	3	中兴通讯股份有限公司	制造业	是	否	是	76.47	领先者
4	4	联想控股股份有限公司	制造业	是	是	是	71.76	领先者
				起步者（1家）				
5	5	海尔集团电器产业有限公司	制造业	否	是	否	23.82	起步者
				旁观者（19家）				
6	6	万科企业股份有限公司	房地产业	否	是	是	19.41	旁观者
7	7	大连万达集团股份有限公司	房地产业	否	是	否	19.12	旁观者
8	7	复星国际有限公司	混合	否	是	否	19.12	旁观者
9	9	珠海格力电器股份有限公司	制造业	否	是	否	14.41	旁观者

续表

序号	排名	企业名称	所属行业	是否发布国别报告	英文官网是否设置社会责任专栏	集团报告英文版是否设置海外板块	总分	发展阶段
		旁观者（19 家）						
10	9	恒大集团有限公司	房地产业	否	是	否	14.41	旁观者
11	9	三一重工股份有限公司	制造业	否	是	否	14.41	旁观者
12	12	TCL 集团股份有限公司	制造业	否	是	否	9.71	旁观者
13	12	江苏沙钢集团有限公司	制造业	否	是	否	9.71	旁观者
14	12	华岳集团有限公司	混合业	否	是	否	9.71	旁观者
15	12	山东大海集团有限公司	混合业	否	是	否	9.71	旁观者
16	16	光明食品（集团）有限公司	制造业	否	否	否	0.00	旁观者
17	16	湖南华菱钢铁集团有限责任公司	制造业	否	否	否	0.00	旁观者
18	16	金龙精密铜管集团股份有限公司	制造业	否	否	否	0.00	旁观者
19	16	美的集团股份有限公司	制造业	否	否	否	0.00	旁观者
20	16	宁波杉杉股份有限公司	制造业	否	否	否	0.00	旁观者
21	16	山东祥光集团有限公司	混合业	否	否	否	0.00	旁观者
22	16	上海吉利兆圆国际投资有限公司	其他服务业	否	否	否	0.00	旁观者
23	16	万向集团公司	制造业	否	否	否	0.00	旁观者
24	16	烟台新益投资有限公司	其他服务业	否	否	否	0.00	旁观者

B.18
后　记

　　《中资企业海外社会责任研究报告（2016～2017）》是基于国家发展和改革委员会政策研究室委托课题"一带一路与海外社会责任"研究，项目自2016年1月启动以来，历时1年，先后有十余人投入其中。《中资企业海外社会责任研究报告（2016～2017）》是课题组2017年的最新研究成果，也是课题组成员集体劳动的成果。

　　内容结构和技术路线由钟宏武、叶柳红、肖玮琪、李思睿等研究确定。数据采集和分析工作由中星责任云社会责任机构联合完成，涉及"走出去"的100家中资企业海外社会责任公开信息的收集、阅读和整理，由叶柳红组织协调完成；叶柳红、肖玮琪、李思睿、梁佐红等负责信息采集工作；叶柳红、肖玮琪、李思睿等共同完成指标赋权、信息录入和数据整理。

　　《中资企业海外社会责任研究报告（2016～2017）》的写作框架由钟宏武、叶柳红共同确定。指数部分《中资企业海外社会责任发展报告（2016）》由肖玮琪、李思睿撰写；实践篇由肖玮琪、李思睿、张宓、张闽湘、王传名、梁佐红共同整理；借鉴篇中的《韩国政府推进企业海外社会责任研究》由张蒽和对外经济贸易大学公共管理学院副教授金仁仙撰写，企业实践案例由肖玮琪、李思睿、梁佐红整理完成。研究方法和技术路线由王志敏、叶柳红、肖玮琪撰写。附录由肖玮琪、叶柳红整理。全书最终由钟宏武、叶柳红审阅、修改和定稿。

　　本研究得以开展源自国家发展和改革委员会政策研究室的大力支

持，国资委研究中心、对外承包工程商会以及商务部研究院对本研究也提供了诸多帮助，各个"走出去"中资企业和其他国家的跨国企业为本研究提供了大量优秀的实践资料，本书的出版也得到了社会科学文献出版社谢寿光社长和皮书分社邓泳红社长的大力支持和关心，应该说没有国家发展和改革委员会政策研究室领导的支持，没有企业的踊跃参与和出版社各位领导和同事的努力工作，本书很难如期与读者见面，在此表示由衷的感谢。

中国企业海外社会责任的研究起步不久，中资企业海外社会责任研究工作也还有很多的问题有待探索和解决。希望各行各业的专家学者、读者朋友不吝赐教，共同推动中资企业海外社会责任更好更快地发展。

感谢所有为本书的顺利出版而付出努力的人！

项目组

2017 年 1 月

❖ 皮书起源 ❖

"皮书"起源于十七、十八世纪的英国，主要指官方或社会组织正式发表的重要文件或报告，多以"白皮书"命名。在中国，"皮书"这一概念被社会广泛接受，并被成功运作、发展成为一种全新的出版形态，则源于中国社会科学院社会科学文献出版社。

❖ 皮书定义 ❖

皮书是对中国与世界发展状况和热点问题进行年度监测，以专业的角度、专家的视野和实证研究方法，针对某一领域或区域现状与发展态势展开分析和预测，具备原创性、实证性、专业性、连续性、前沿性、时效性等特点的公开出版物，由一系列权威研究报告组成。

❖ 皮书作者 ❖

皮书系列的作者以中国社会科学院、著名高校、地方社会科学院的研究人员为主，多为国内一流研究机构的权威专家学者，他们的看法和观点代表了学界对中国与世界的现实和未来最高水平的解读与分析。

❖ 皮书荣誉 ❖

皮书系列已成为社会科学文献出版社的著名图书品牌和中国社会科学院的知名学术品牌。2016年，皮书系列正式列入"十三五"国家重点出版规划项目；2012~2016年，重点皮书列入中国社会科学院承担的国家哲学社会科学创新工程项目；2017年，55种院外皮书使用"中国社会科学院创新工程学术出版项目"标识。

中国皮书网

发布皮书研创资讯，传播皮书精彩内容
引领皮书出版潮流，打造皮书服务平台

栏目设置

关于皮书：何谓皮书、皮书分类、皮书大事记、皮书荣誉、
皮书出版第一人、皮书编辑部

最新资讯：通知公告、新闻动态、媒体聚焦、网站专题、视频直播、下载专区

皮书研创：皮书规范、皮书选题、皮书出版、皮书研究、研创团队

皮书评奖评价：指标体系、皮书评价、皮书评奖

互动专区：皮书说、皮书智库、皮书微博、数据库微博

所获荣誉

2008 年、2011 年，中国皮书网均在全
国新闻出版业网站荣誉评选中获得"最具商
业价值网站"称号；

2012 年，获得"出版业网站百强"称号。

网库合一

2014 年，中国皮书网与皮书数据库端
口合一，实现资源共享。更多详情请登录
www.pishu.cn。

权威报告·热点资讯·特色资源

皮书数据库
ANNUAL REPORT(YEARBOOK)
DATABASE

当代中国与世界发展高端智库平台

所获荣誉

- 2016年，入选"国家'十三五'电子出版物出版规划骨干工程"
- 2015年，荣获"搜索中国正能量 点赞2015""创新中国科技创新奖"
- 2013年，荣获"中国出版政府奖·网络出版物奖"提名奖
- 连续多年荣获中国数字出版博览会"数字出版·优秀品牌"奖

成为会员

通过网址www.pishu.com.cn或使用手机扫描二维码进入皮书数据库网站，进行手机号码验证或邮箱验证即可成为皮书数据库会员（建议通过手机号码快速验证注册）。

会员福利

- 使用手机号码首次注册会员可直接获得100元体验金，不需充值即可购买和查看数据库内容（仅限使用手机号码快速注册）。
- 已注册用户购书后可免费获赠100元皮书数据库充值卡。刮开充值卡涂层获取充值密码，登录并进入"会员中心"—"在线充值"—"充值卡充值"，充值成功后即可购买和查看数据库内容。

社会科学文献出版社 皮书系列
SOCIAL SCIENCES ACADEMIC PRESS (CHINA)

卡号：5938143224753367
密码：

数据库服务热线：400-008-6695
数据库服务QQ：2475522410
数据库服务邮箱：database@ssap.cn
图书销售热线：010-59367070/7028
图书服务QQ：1265056568
图书服务邮箱：duzhe@ssap.cn

S 子库介绍
ub-Database Introduction

中国经济发展数据库

涵盖宏观经济、农业经济、工业经济、产业经济、财政金融、交通旅游、商业贸易、劳动经济、企业经济、房地产经济、城市经济、区域经济等领域，为用户实时了解经济运行态势、把握经济发展规律、洞察经济形势、做出经济决策提供参考和依据。

中国社会发展数据库

全面整合国内外有关中国社会发展的统计数据、深度分析报告、专家解读和热点资讯构建而成的专业学术数据库。涉及宗教、社会、人口、政治、外交、法律、文化、教育、体育、文学艺术、医药卫生、资源环境等多个领域。

中国行业发展数据库

以中国国民经济行业分类为依据，跟踪分析国民经济各行业市场运行状况和政策导向，提供行业发展最前沿的资讯，为用户投资、从业及各种经济决策提供理论基础和实践指导。内容涵盖农业，能源与矿产业，交通运输业，制造业，金融业，房地产业，租赁和商务服务业，科学研究，环境和公共设施管理，居民服务业，教育，卫生和社会保障，文化、体育和娱乐业等100余个行业。

中国区域发展数据库

对特定区域内的经济、社会、文化、法治、资源环境等领域的现状与发展情况进行分析和预测。涵盖中部、西部、东北、西北等地区，长三角、珠三角、黄三角、京津冀、环渤海、合肥经济圈、长株潭城市群、关中—天水经济区、海峡经济区等区域经济体和城市圈，北京、上海、浙江、河南、陕西等34个省份及中国台湾地区。

中国文化传媒数据库

包括文化事业、文化产业、宗教、群众文化、图书馆事业、博物馆事业、档案事业、语言文字、文学、历史地理、新闻传播、广播电视、出版事业、艺术、电影、娱乐等多个子库。

世界经济与国际关系数据库

以皮书系列中涉及世界经济与国际关系的研究成果为基础，全面整合国内外有关世界经济与国际关系的统计数据、深度分析报告、专家解读和热点资讯构建而成的专业学术数据库。包括世界经济、国际政治、世界文化与科技、全球性问题、国际组织与国际法、区域研究等多个子库。

法 律 声 明

"皮书系列"（含蓝皮书、绿皮书、黄皮书）之品牌由社会科学文献出版社最早使用并持续至今，现已被中国图书市场所熟知。"皮书系列"的 LOGO（▦）与"经济蓝皮书""社会蓝皮书"均已在中华人民共和国国家工商行政管理总局商标局登记注册。"皮书系列"图书的注册商标专用权及封面设计、版式设计的著作权均为社会科学文献出版社所有。未经社会科学文献出版社书面授权许可，任何使用与"皮书系列"图书注册商标、封面设计、版式设计相同或者近似的文字、图形或其组合的行为均系侵权行为。

经作者授权，本书的专有出版权及信息网络传播权为社会科学文献出版社享有。未经社会科学文献出版社书面授权许可，任何就本书内容的复制、发行或以数字形式进行网络传播的行为均系侵权行为。

社会科学文献出版社将通过法律途径追究上述侵权行为的法律责任，维护自身合法权益。

欢迎社会各界人士对侵犯社会科学文献出版社上述权利的侵权行为进行举报。电话：010-59367121，电子邮箱：fawubu@ssap.cn。

社会科学文献出版社